國家圖書館出版品預行編目資料

靠智慧變富有的祕密 / 理律法律事務所著.－－初版
一刷.－－臺北市：三民，2010
面；　公分.－－(理律法律叢書)

ISBN 978－957－14－5396－5　(平裝)

1. 智慧財產權 2. 法規 3. 論述分析

553.433　　　　　　　　　　　　　　　99020225

© 　靠智慧變富有的祕密

著 作 者	理律法律事務所
責任編輯	高于婷
美術設計	郭雅萍
發 行 人	劉振強
發 行 所	三民書局股份有限公司
	地址　臺北市復興北路386號
	電話　(02)25006600
	郵撥帳號　0009998－5
門 市 部	(復北店) 臺北市復興北路386號
	(重南店) 臺北市重慶南路一段61號
出版日期	初版一刷　2010年11月
編　　號	S 586010

行政院新聞局登記證局版臺業字第○二○○號

有著作權·不准侵害

ISBN　978-957-14-5396-5　（平裝）

http://www.sanmin.com.tw　三民網路書店
※本書如有缺頁、破損或裝訂錯誤，請寄回本公司更換。

理律法律叢書序

　　1999 年夏，理律法律事務所捐助成立財團法人理律文教基金會。理律法律事務所長期致力於社會與文教公益事務，成立基金會，是為了更有系統、有效率，也更專注、持續地將理律的資源運用到公益服務上，這是理律善盡企業社會責任的具體實踐。

　　理律法律事務所創立於 1960 年間，在數十年提供專業服務的過程中，深感提倡法治觀念於社會的重要性。法治觀念若未根植，不僅守法精神難以落實，立法闕漏、乃至執法失當，也在所難免。凡此種種，對從事法律工作者而言，不僅增加了業務負擔，也斲傷了法律的理想與尊嚴；就社會而言，法律制度非但未能定分止爭，甚且成為公義的障礙，毋寧是極大的諷刺。

　　有鑑於此，本基金會乃以提倡及宣導法治為宗旨，舉辦或贊助法治議題之座談、研討與學術論文，並出版相關之叢書或刊物；在贊助法律人才之養成方面，除了設置獎助學金，贊助法律學生之學習與競賽活動以外，每年並舉辦兩岸「理律盃」校際法律學生模擬法庭辯論賽，結合學生課堂上與實務上的學習，多方面協助推廣法治教育，期能有助於培養法律人才的寬廣視野與專業能力。

　　在學術界與實務界廣泛投注心力下，法學論著及刊物可謂汗牛充棟，惟社會的演進瞬息萬變，法律議題的新興領域有如雨後春筍，實務變化與特殊案例亦與時俱增，徒生難免有應對維艱梗概之歎，胥賴學術界與實務界本諸學理或經驗攜手共進，分享知識泉源。基於此一認識，本基金會忖將理律法律事務所同仁提供法律服務歸納的心得，加上在法律院所擔任教席、講授法律課程累積的材料，以及參與法律政策的研究分析，佐以相關法律之最新理論與國際立法趨勢，集腋成裘。此外，理律舉辦或贊助專題研討會的成果，由與會賢達共同編纂之書冊（例如前曾與政治大

學傳播學院定期共同舉辦「傳播與法律」系列研討會，出版一系列傳播法律知識之書籍，先後約有 10 年），亦循適當規劃列入「理律法律叢書」。

理律法律叢書將理律在實務上累積的知識資源提供予有意修習相關課題的讀者參考，並藉此拋磚引玉，邀請法律界先進賜教。深盼假以時日，本基金會的努力對於法治的提昇有所助益。

財團法人理律文教基金會　謹識

2010 年 11 月

序——法律正音班：智慧財產「錢」？

　　語言是有生命的。想像在未來的某一天，當字典上寫著：「權」字與「錢」字音近似且意義「相通」（權≈錢），例如「智慧財產權，亦作智慧財產錢」時，你我會不會大吃一驚呢？事實上，這天已經翩然到來，就等著我們將之收錄到自己的認知裡而已。

　　隨著全球經濟發展趨勢，一個以知識資源的擁有、配置、產生和使用為最重要生產因素的經濟型態，已然成型。在知識經濟的時代裡，你我不但必須更重視資料的提供和使用；同時，也要借重有思考力和創新力的菁英人才，來從事解讀並運用資料，進而發展成高產值的經濟產業。

　　近日媒體出現不少關於智慧財產權爭議的報導，包括了茶葉與冬瓜茶的「和泰」與「合泰」商標之爭；賣咖啡、早餐與賣蛋糕、洋菓子的「尼克咖啡」與「亞尼克及圖」商標之爭；汽車旅館龍頭薇閣因其於房間貼有「LV」logo，而被世界知名精品 LV 寄發存證信函求償百萬元；智慧財產局取消 98 年度著作權海報設計比賽校園組第一名資格，原因在於參賽學生作品竟是抄襲自荷蘭藝術家的作品。上述智財爭議經常發生，充斥在你我周遭，我們究竟對於智慧財產權利了解多少呢？

　　模仿和抄襲是容易的，思考和創新則更具有挑戰性。那麼有誰願意在沒有完善保護的情形下，耗費精神和心力，投入創新呢？相對的，具有思考力和創新力者，對於自己精心創作或研發創造的成果，已充分了解要如何保護、主張權利了嗎？

　　完善的法律保障，有助於知識產業的進步。但是有了法律，也要懂得運用法律，才能完善達成知識經濟求創新、求保障的效能。想要靠智慧變富有，除了有一個金頭腦，也別忘了要了解法律知識來保障研發及創作成果。

　　理律文教基金會投入法學教育推廣多年，除在大學校園舉辦各類型法律主題講演、座談及辯論比賽，也希望能對普羅大眾及中小學生提供淺顯易懂的法律常識。本書作者群皆為理律法律事務所的資深同仁，長期接觸智財法律實務，作者以日常生活中常見到的情形為例子，將智慧財產權的相關知識及法律規定，以淺顯平易近人的文字介紹給讀者，希望讀者在參閱後，能夠對生活中所接觸到的智慧財產權議題，有更深刻了解，也可適當主張自己的權利。

陳長文

2010.11.5

作者學經歷簡介

李念祖

學歷：美國哈佛大學法學碩士、臺灣大學法學碩士、東吳大學法學士
資格：中華民國律師、美國加州律師、臺灣大學政研所及東吳大學法研所兼任教授
經歷： 1.中華民國仲裁協會理事長
　　　2.財團法人理律文教基金會董事
　　　3.財團法人民間司法改革基金會董事
　　　4.台北律師公會理事長
　　　5.理律法律事務所執行長

李家慶

學歷：政治大學法學碩士、政治大學法學士
資格：中華民國律師、中華民國仲裁協會仲裁人、北京仲裁協會仲裁員、中國國際經濟貿易
　　　仲裁委員會仲裁員
經歷： 1.交通大學科技法律研究所兼任助理教授
　　　2.東吳大學法律系兼任講師
　　　3.行政院公共工程委員會法規委員會及訴願委員會委員
　　　4.行政院勞工委員會職業訓練局訴願會委員
　　　5.臺北市政府國家賠償委員會委員
　　　6.台北律師公會理事長
　　　7.中華民國律師公會全國聯合會祕書長
　　　8.中華民國律師公會全國聯合會律師研習所執行長
　　　9.中華民國仲裁協會工程仲裁委員會主任委員暨仲裁人
　　　10.中華民國仲裁協會仲裁人研習委員會主任委員
　　　11.台灣法學會理事、監事
　　　12.財團法人理律文教基金會董事
　　　13.理律法律事務所合夥人

蔡瑞森

學歷：美國康乃爾大學法學碩士、臺灣大學法學士

資格：中華民國律師、中華民國專利師、中華民國專利代理人、中華民國仲裁協會仲裁人、
　　　台北律師公會網域名稱爭議處理機構專家

經歷：1. 司法院智慧財產法院籌劃小組諮詢委員
　　　2. 交通大學科技法律研究所兼任助理教授
　　　3. 中華民國全國工業總會智慧財產權委員會委員
　　　4. 中華民國全國商業總會智慧財產委員會委員
　　　5. 台北律師公會資訊及著作權法委員會主任委員
　　　6. 中華民國律師公會全國聯合會智慧財產權委員會委員
　　　7. 中華民國律師公會全國聯合會非訟程序委員會主任委員
　　　8. 中華民國律師公會全國聯合會律師研習所律師職前訓練基礎訓練商標法課程講座
　　　9. 智慧財產局商標審查官訓練課程商標審查實例研究講座
　　　10. 智慧財產局司法人員專班商標侵害與救濟實務講座
　　　11. 理律法律事務所合夥人

丁靜玟

學歷：美國 Franklin Pierce Law Center 研究、美國威斯康辛大學研究、東吳大學法學士

經歷：1. 行政院國科會「大陸智慧財產權研究——申請保護可行性及模式」計畫研究員
　　　2. 科學工業園區管理局「政府以預算經費直接獎助民間企業研究發展計畫所產生智慧
　　　　財產權之歸屬與運用」計畫研究員
　　　3. 行政院陸委會「兩岸著作權糾紛案例研討」研究員
　　　4. 內政部「著作權法修正草案回溯保護條文之研究」研究員
　　　5. 經濟部智慧財產局「92 年 6 月 6 日立法院三讀通過新修正著作權法之附帶決議」研
　　　　究案協同主持人
　　　6. 理律法律事務所資深顧問

黃章典

學歷：美國密西根大學法學碩士、政治大學法學碩士、臺灣大學 EMBA（99 級）、政治大學
　　　法學士

資格：中華民國律師、中華民國專利師

經歷：1. 理律法律事務所合夥人
　　　2. 財團法人理律文教基金會董事
　　　3. 東吳大學講師
　　　4. 國際技術授權主管總會中華臺北分會監事
　　　5. 專利師公會監事
　　　6. 全國律師雜誌編輯委員會副主任委員

劉騰遠

學歷：美國加州大學柏克萊分校法學碩士、美國喬治華盛頓大學法學院研究、美國華盛頓州
　　　立大學法學院研究、政治大學法學士

資格：中華民國律師、中華民國專利代理人

經歷：1.臺灣警察專科學校講師
　　　2.台北律師公會智慧財產權委員會委員
　　　3.理律法律事務所合夥人

張哲倫

學歷：美國伊利諾大學法學碩士、臺北大學法學碩士、臺北大學法學士

資格：中華民國律師、中華民國專利師

經歷：1.海洋大學兼任講師
　　　2.智慧財產權培訓學院講師

簡秀如

學歷：交通大學管理科學研究所碩士、政治大學法學碩士、臺灣大學動物學系學士（已改名
　　　為生命科學系）

資格：中華民國律師、中華民國專利師

呂　光

學歷：臺灣大學電機工程學系暨臺灣大學法律學系雙主修

資格：中華民國律師、中華民國專利代理人

范慈容

學歷：美國賓夕法尼亞大學法學碩士、東吳大學法學碩士、臺灣大學法學士

資格：中華民國律師

羅逸梅

學歷：美國威斯康辛大學法學碩士、政治大學法學士

經歷：1.中央電影事業股份有限公司海外部法務專員
　　　2.經濟部智慧財產局「92 年 6 月 6 日立法院三讀通過新修正著作權法之附帶決議」研
　　　　究案研究員

靠智慧變富有的
祕 密
目 次

☰ 專　利

四 商　標

五 著　作

一、總　論

P

C

GP

TS

TM

1 為何我們需要智慧財產權？

張哲倫

　　在 80 年代末、90 年代初，美國的媒體大亨泰德透納 (Ted Turner) 耗費 16 億美元的天價，買下當時虧損連連的米高梅電影公司（Metro-Goldwyn-Mayer，一般稱為 MGM）。透納隨即將 MGM 切割出售，只留下該公司的電影資料庫部門。MGM 的電影資料庫有數以千計的電影作品，其中不乏公認的經典之作，例如《飄》及《北非諜影》等。透納藉由併購 MGM，同時成為這些電影作品的著作權權利人。透納向以精明的投資眼光著稱，其意圖利用日漸成熟的電腦上色技術，將 MGM 旗下的經典黑白電影作品予以上色，再授權他人播映彩色版的電影作品。透納在併購 MGM 後不久，隨即利用電腦上色技術，將大導演約翰休斯頓 (John Huston) 的黑白電影作品《夜闌人未靜》(*The Asphalt Jungle*) 製作為彩色電影，並授權法國的電視臺播出。沒想到休斯頓的繼承人在巴黎對透納及播映該電影的電視臺，提出著作權侵權的訴訟，巴黎地方法院判決休斯頓的繼承人勝訴；巴黎高等法院卻推翻原判決，認定透納及電視臺勝訴；最後法國的最高法院再次推翻高等法院的判決，終局地認定透納及法國的電視臺侵害著作權。

　　知名社交網站 Facebook 創辦人祖克柏 (Mark Zuckerberg) 被控剽竊大學室友創建交友網站的構想，以約新臺幣 22 億元達成庭外和解，該案原告聲稱 2003 年他們都還在就讀哈佛大學時，找祖克柏協助完成他們共同建立的社交網站程式碼，但祖克柏於 2004 年時，利用程式碼與這項創意成立了 Facebook，這樁和解案顯示一個創意背後所代表的可觀價值。

　　如果你覺得以鉅資購買電影公司或寫程式創設交友網站等商業行為，跟你的日常生活無關，所以智慧財產權的保護對你而言僅止於紙上討論，但事實上智慧財產權無所不在。你早上帶著 ACER® 的筆記型電腦出門，發現家門口旁邊停了一臺經典小汽車 SMART®，經過

SEVEN-ELEVEN® 時，買了一罐統一®鮮奶當早餐，結帳時發現前年的暢銷書已發行口袋版在便利商店販賣，拿著牛奶隨即上了公車，看見馬路上有人騎腳踏車上班，其中一臺 GIANT® 的車型設計非常新穎，外型相當引人注目，公車等紅燈時抬頭看車廂廣告所發表新詩徵文比賽的佳作作品，手機的來電答鈴在此時響起，正好到站下車。

仔細回想，ACER®、SMART®、SEVEN-ELEVEN®、統一®、GIANT® 皆為註冊受保護的商標，其中 SMART® 除了是文字商標外，小車的經典外觀造型，如同可口可樂®的玻璃曲線瓶一般，註冊登記為立體商標而受保護。 ACER® 的筆記型電腦內含諸多發明專利，GIANT® 車型設計與新式樣專利有關，暢銷書的口袋版本、新詩佳作及手機來電答鈴則屬著作權保護的內容。一趟公車路程，可以發現智慧財產權其實隨處可見。你可能沒有讀過專利說明書，或是研究電腦程式與軟體專利或著作權保障的關係，然而這些與智慧財產權有關的軟體或硬體，都與我們生活密切相關。所以，讓我們一起來了解什麼是智慧財產權。

2 智慧財產權的價值及其影響力
——從可口可樂、哈利波特說起　呂　光

　　透過研發、創作、經驗累積所產生之智慧結晶，無論是以專利、商標、著作或營業秘密等不同的智慧財產權（Intellectual Property Right，IPR）形式存在，其價值及影響力令人無法小覷。本文即欲從可口可樂、《哈利波特》的例子，簡要說明智慧財產權可能具有的經濟價值及其影響力。

　　2007 年全球開始面臨經濟不景氣的衝擊，迄今各大行業業績陸續下滑，裁員、關閉工廠等新聞屢見不鮮，而國際企業倒閉的案例亦時有所聞（例如汽車生產商的龍頭大哥通用汽車亦已宣布破產）。然而，《商業周刊》（Business Week）指出，可口可樂自 2000 年評比開始，即已連續 9 年蟬聯全球百大品牌榜首，其於 2009 年之品牌價值仍比前一年上升 3％，達 687.3 億美元。

　　眾所皆知，可口可樂是全球銷售量最好的碳酸飲料，世界各地的飯店、餐廳、超市、便利商店大多提供有這種紅白包裝的飲料（筆者所服務的事務所也提供可口可樂給客戶無限暢飲），普及率之高，應該沒有其他任何飲料能出其右。據了解，可口可樂的配方 (Merchandise 7X) 並未申請專利保護，而係以營業秘密之方式存在，不予公開。此一配方大概是目前全球公認最具經濟價值的營業秘密，而且其配方內容迄今無人能探知，可口可樂公司因而得以長期稱霸飲料市場。

　　為維護該配方的祕密性，可口可樂公司勢必要投注大量的精力及成本，並採取相當的保密措施，以避免該配方被洩漏或公開。例如，指定專人管理該配方內容、制訂營業秘密管理政策、企業營業場所及生產廠房之管理、企業員工保密之要求，以及對於原料採購內容、數量等資訊採取保密措施等。據傳，可口可樂公司之配方僅記載於有限的紙本或檔案，並由金融機構的金庫妥為保管。筆者還曾聽聞該配方先前並未儲存於任何有形之媒介，而僅存放於 3 位核心人物的「大腦」

中，且該公司嚴格限制 3 位核心人物搭乘同一架飛機，以避免或降低該營業秘密喪失之風險云云。各種有趣的傳聞，愈發增加可口可樂配方的神祕性，也顯示市場上對於屬於可口可樂公司營業秘密之該配方，確實抱有濃厚的興趣。

據了解，可口可樂於全球一片景氣低迷中，2009 年上半年淨收入仍超過 34 億美元，全球業務持續推展中。如果可口可樂的保密措施有任何一環出現漏洞，使他人得以接觸該祕密配方並予以揭露，則市場上之競爭者可能群起仿效，而可口可樂公司即無法透過該營業秘密維持其市場上的競爭優勢，並持續獲得可觀的營業收益。營業秘密具有極重要的經濟價值，可口可樂的配方便是最典型的例子。

再來看看紅透半邊天的魔幻文學作品《哈利波特》。《哈利波特》系列的作者為英國女作家 J. K. 羅琳 (J. K. Rowling)，她被譽為當今世上身價第一的暢銷女作家。J. K. 羅琳目前已完成《哈利波特》一系列共 7 本小說，除了書籍出版品，尚有改編的電影陸續上映，以及相關周邊商品（例如文具、玩具、糖果零食、禮品等）陸續推出。據了解，隨著《哈利波特》完結篇的出版，J. K. 羅琳在 2008 年之全年收入為 1.6 億英鎊，相當於新臺幣 84.5 億元，如果以一年 365 天來計算，也就是每天平均收入超過新臺幣 2 千 3 百萬元，《哈利波特》所帶來的經濟價值，實在令人驚訝！

附帶一提，筆者曾聽聞有人主張 J.K. 羅琳已是位暢銷作家，並且已經獲得極高的盈收，因此，她的智慧財產權應沒有予以保護的必要。然而，不可否認的，J. K. 羅琳有其特別的想像力與創意，且對於文學方面有極廣之涉獵，評論家即表示《哈利波特》集結豐富的文學種類，能讓讀者產生全新的閱讀體驗，她的成功並非僥倖。J. K. 羅琳在撰擬《哈利波特》所投注的時間與精力，令人欽佩，其所擁有的智慧財產權，我們也應該予以尊重；如果任意拷貝該等文學作品或影音著作，非但不尊重他人之智慧財產權，更有違法之虞，不可不慎。

3 商標保護的發源史

張哲倫

在古代社會，人們的吃穿用具、生活物品，大抵係自行以手工方式生產，或在鄉里市集上交換購買，商品交換的管道不多，得以選購的商品亦極為有限，交易的締結基本上憑藉著親族鄉里之間的信賴，因為基於這種信賴關係，人們願意付出金錢採購商品。

在現代工商社會，專業且細緻的分工體系不但取代了親族鄉里的信賴關係，也取代了有限的商品交換管道，由於選擇變多，使得選購商品或服務的過程變得更有趣及多樣化。例如想喝一杯咖啡，腦海中浮出的選擇至少有 Starbucks®、City Coffee®、85°C®、壹咖啡®、真鍋®、怡客® 或丹堤® 等不同的咖啡供應商（或是稱為品牌），雖然賣的都是咖啡，但每一個品牌所代表的市場定位及形象均不相同，消費者可以依照自己的需求在不同的品牌之間做選擇。另外由於市場行銷的日趨精緻化，同一個企業集團也常就同一種產品提供不同的品牌，以滿足形形色色不同需求的消費者，例如豐田集團提供 TOYOTA® 及 LEXUS® 兩個品牌，讓消費者選購汽車；PRADA® 同時以 MIU MIU® 作為其搭配品牌，以吸引更年輕的消費族群。

從以上的說明，我們發現消費者購買的決定，從農業社會對於鄉里關係的信賴，轉變為對於品牌的信賴，這種信賴在本質上是一樣的，只是形式有所轉變，商標權所談的法律概念，基本上就是這種信賴關係，它形塑一個品牌的形象、市場定位、所訴求之消費族群及價格。根據一個品牌、商標，消費者可以辨別商品或服務的來源（例如看到 TOYOTA®，就可以知道它是來自日本的豐田集團），進而在不同商品中辨識自己所想選購的商品，甚至可以在實際使用商品之前，預先藉由商標判斷商品的品質（例如看到 LEXUS®，可以預先知悉它是材質及組裝細節較 TOYOTA® 更精緻的汽車）。因此傳播學者甚至認為商標可以代表企業傳達一種信念 (truth)，而消費者會基於這樣的信念，

作為選購商品的採購決定，因此商標權本身也具有獨立的交易價值。例如，紅極一時的商標「莊頭北」及「黑面蔡」，均曾在臺灣的法院拍賣市場創下數以千萬計的交易價格。

　　商標權雖然一向與著作權或專利權並列為智慧財產權，但實際上商標權在性質上，與後兩者有很大的差異，因為著作權及專利權這些權利之所以受保護，是因為他們發現了某種技術，或創造了某些作品，而這樣的發現或創造對於人類文化來說，在某種程度上是新的或前所未見的，因此，法律相對授予保護。但商標權的保護並不需要以發現或創造了什麼樣的技術或作品為前提，商標法也從未在這些方面有所要求，某一個商標之所以能夠受到法律的保護，僅須該商標具有識別性，而第一次為人註冊或使用於商業活動上即可。

　　由於商標權並非因創造或發明而生，因此保護商標權不會有獨占知識或技術的顧慮，這樣的性質可以合理解釋為何商標權得以藉由延展而不間斷的取得法律保護，且無期間的限制。

4 網路及新興科技對智慧財產權保護的衝擊

張哲倫

　　我不知道正在看這本書的你是幾歲，暫且假設是 16 歲吧，那麼在你阿公的年代，聽音樂的方式是使用黑膠片，在旋轉的唱盤慢慢帶動下，黑膠片能夠發出醇厚悠揚的旋律。那時候的音響設備還使用真空管，如果想要複製曲目，只能夠去唱片行買一整張的黑膠片，或是自己開工廠壓片，因此，阿公如果喜歡哪一首特定的歌曲，很難複製備份。進入到你父親的年代，體積輕巧的錄音帶取代了黑膠片，CD 也逐漸流行，可攜式的隨身聽取代了不易攜帶的唱盤，電晶體取代了真空管，而且自行複製特定曲目的技術門檻，也大為降低，有雙匣對拷的錄音機或燒錄機，即可進行複製。時至今日，MP3 已成為記錄音樂的主要媒介，取得音樂的方式不再限於親赴實體商店購買 CD，網路的下載及交換行為已於無形中分擔傳統音樂銷售通路的角色，複製特定音樂的技術門檻更是降低至一般的電腦使用者皆得以輕易完成。在科技進步的同時，其實保護智慧財產權的法律觀念也悄悄地發生改變。

　　試想 200 年前只有印刷術的年代，侵權者只能以印刷的方式從事侵權行為，因此，權利人很容易對侵權者進行蒐證，而且一經查獲，往往可以查扣大量的侵權產品，一舉破獲侵權的源頭（例如查獲 4 家印刷工廠，共破獲 100 萬件盜印品）。20 世紀後，隨著影印機、錄放影機、電腦乃至網路技術的發展，雖然智慧財產權人的權利也隨之擴張（以著作權為例，從僅有重製權，到目前網路上的公開傳輸權），但是侵權者侵權的手段方法也更多樣化，以致權利人難以追蹤掌握，每一個家庭的個人電腦輔以網路設備，都有從事傳輸或重製的侵權能力，因此侵權的情勢轉變為 100 萬個侵權者，但每人只重製 1 件著作的情況，雖然侵權重製物的總數量與 200 年前的情況相同（皆為 100 萬份重製品），但是權利人的查緝難度與成本無疑已倍數提高（以前只要查緝 4 名侵權者，但現在要查緝 100 萬名侵權者）。若法律不做出相對的

回應，那麼智慧財產權的保護將流於空談。

　　一個非常有趣的案例發生在 80 年代的美國，當時 SONY 成功開發出錄放影機，消費者得以合理的價格購買錄放影機及空白錄影帶，自行在家錄製所喜愛的電視節目，這個趨勢嚇壞了當時的好萊塢片商們，大家都擔心這樣的科技產品會使得消費者不再進電影院看電影，好萊塢的片商大老闆們為此大傷腦筋，因為若要為此興訟，則真正錄製節目的行為人，是不可勝數的消費者，人數多到無法處理，且錄製的行為發生在私人住宅內，法律上的蒐證動作極難進行。但難道就放任不管嗎？大老闆的律師們想到一個好方法，不如直接告 SONY 公司，因為它是錄放影機的製造商及銷售商，沒有 SONY 的產品，消費者根本無從錄製電視節目，所以好萊塢片商們認為 SONY 公司根本就是盜版行為的幫助者。

　　其中一家好萊塢的片商——環球工作室 (Universal Studio)，對 SONY 產銷錄放影機的行為提出侵權訴訟，官司一路從地方法院打到最高法院，最後美國聯邦最高法院的 9 名大法官在審理此案時，以 5 票對 4 票的幾近比例，判定 SONY 公司的行為不違法，錄放影機因此可以繼續在美國銷售至今。由此可見科技的發展確實對於智慧財產權之保護產生重大的變革，在法制面除了處罰固有的直接侵權行為人之外（例如在家錄製商業影片的消費者），亦將侵權的責任往第三人方向延伸（例如販售錄放影機的 SONY 公司，其本身並未涉及錄製的直接侵害行為）。這種追究侵權責任時，從直接侵權者向第三人漸次推移的過程，可說是智慧財產權保護重要的發展變革。

5 英國皇室的祕密

張哲倫

　　姑且不論究著作權的內涵，或是著作權法規定的內容，在今日高唱著作權保護的年代及環境下，作者的創作應該受到法律的保護，已經成為無庸置疑的必然結論。但是如果我們回過頭來看，歷史上是哪一個國家第一次創設保護著作權的法律？著作權的保護最早可以追溯到多少年之前？當時為什麼要立法保護著作權？難道是因為要保障作者？還是因為著作權的保護是長久以來的普世價值？這些現在看似正確的答案，其實都不正確。保護著作權概念的發源，跟英國皇室 400 年前的一個祕密有關。

　　讓我們先回到 400 年前的 16 世紀。在印刷術未發明之前，著作的流通非常不方便，要閱讀他人的創作，唯一的方法就是逐字抄錄，當時有一種行業，叫做「抄錄員」，負責以人工方式「抄寫」書籍及文章。將一份著作從頭到尾抄一遍，其實所耗費的時間跟原始作者創作的時間相較差距不大。在複製技術極端原始的前提下，書籍的銷售市場並不大，很難引起出版商的注意，因為那是一個本質上無利可圖的市場，書籍或文章的流通純供文人雅士互相賞析，商業價值極為薄弱。從另一方面來看，由於抄襲他人著作必須以人工抄錄的方式進行，成本極高，而其獲利難以倍增，因此著作的抄襲或著作權的侵害，在當時來說並不是一個值得擔心或注意的法律問題。

　　印刷術的發明改變了既有的經濟結構，當著作得以在短時間內以低廉的成本大量複製時，作者開始關心其本身的創作所產生的收益應該如何回收的問題，出版商也發現書籍的銷售是一個值得開發的市場，當時的英國皇室更擔心印刷術的普及對於王權的反動將會產生推波助瀾的影響，因為政治性的文章將得以任意製造、四處散布，這對植基於封建思想的王權來說，無疑是難以忍受的一件事。因此當時的英國頒訂所謂的「授權法案」(Licensing Act)，規定書籍在進行印刷之前，

必須先經過皇室的審查，審查通過、內容「正當」的書籍，才能夠交由出版商印刷發行。當時的出版公會 (Stationers' Company) 經由皇室的授權，可以在市場上取締未經審查即私行印刷的書籍。

英國皇室藉由著作審查的制度得以控制政治性的言論，同時藉由核准、授權特定出版商發行經審查核可的書籍收取稅金，可說是一舉兩得。出版公會則藉由皇室的特許，賺取書籍發行銷售的利益，同時憑藉著取締私行發行書籍的特權，壟斷整個出版市場的利益，因此出版公會對於皇室所安排的經濟利益回饋，亦極其贊成。

皇室與出版公會之間完美互利互惠，在 1694 年因為授權法案的失效而宣告終止，出版公會遂喪失因壟斷所獲得的可觀經濟利益，因此不斷向英國國會進行遊說，希望制定一套保護著作權的法律，英國國會終於在 1709 年通過全世界第一部著作權法——「安妮法案」(*The Statute of Anne*)。由於安妮法案的立基點不在於政治思想的箝制及出版公會與皇室之間利益需求的交換，同時將作者的立場一併納入思考，出版公會原基於皇室的政治特許所取得之專斷利益便一去不復返，著作的保護從皇室與出版公會之間的雙向關係，轉趨向出版商、作者與市場之間的三方關係，安妮法案可說是開啟了文學與思想的自由商業市場，並成為世界各國日後思考著作權保護時所參考的基準點。

從皇室的利益，轉而演變為人類第一部著作權法的歷史過程，恐怕是當初推動極權專政的「授權法案」諸公所始料未及的，就讓我們把這段有趣的歷史演變，當作是英國皇室的祕密吧！

二、營業秘密

P

C

TS

GP

TM

1 大家都知道的祕密不是營業秘密？

范慈容

　　麥可暑假到一家知名的披薩店打工，學會了怎麼製作披薩。開學後，有次學校舉辦園遊會，麥可提議班上同學可以擺攤子賣披薩。麥可教了班上同學怎麼做披薩，果然在園遊會上賣得非常好，賺了不少錢。這件事被麥可當初打工的披薩店老闆知道了，很不諒解，認為麥可洩漏了他店裡的「營業秘密」，會影響他的生意，揚言如果麥可不好好處理，就要告他。這害得麥可心慌了，沒想到原本只是想在班上活動力求表現，現在卻要擔心是否會吃上官司。麥可到底有沒有侵害老闆的營業秘密呢？

　　營業秘密基本上是一種「不能說的祕密」。一個不能說的祕密如果被大家都知道了，就不再是祕密，也就不再屬於「營業秘密」。因此「祕密性」是營業秘密 3 個要件中的首要要件，只有大家都不知道的祕密才是營業秘密。如果披薩的製作方法，是一般的方法，也是大家都知道的祕密，那就不會是老闆宣稱的營業秘密！

　　然而，披薩店老闆又說了：「披薩又不是人人都會做，只有我們同業才會做，麥可教了其他同學，還是洩了密！」這下麥可又緊張了，「大家都知道」？「大家」究竟是指哪些人呢？基本上有兩種標準，第一種是「公眾標準」，意即以「一般公眾知悉」為標準，例如美國經濟間諜法案及美國統一營業秘密就是用這個標準。第二種是「業界標準」，以「一般涉及同類資料之人」，也就是以同行或該相關行業中的人是否知道為標準，我國營業秘密法是採第二種標準，也就是「非一般同業所知」。換句話說，相同專業領域中的人所不知道的祕密，才是營業秘密。如果有些方法、技術、製程、配方、程式、設計或其他可用於生產、銷售或經營的資訊，已經被相當的同業所知，那就無法主張是營業秘密，因而，法律也就無需對其特別保護，縱然被流傳出去了，也不構成妨礙營業秘密。所以只要麥可教同學的披薩作法是同業間都會

的一般作法，那麼將它流傳出去也是沒事的！

　　但是，如果麥可流傳出去的是披薩店的「獨門祕方」呢？老闆說：「這可是我阿公去意大利拜師學藝，回國後再針對本地人的口味加以創新改良的作法，是我們家族的獨門祕方，並不是一般披薩店都會的！」這下麥可就要擔心了，因為這「獨門祕方」可就不是「大家」（一般涉及同類資訊之人）都知道，符合「營業秘密」之「祕密性」要件，而且是創新改良的作法，不是人盡皆知的作法，具有新穎性，法律為了鼓勵創新，對於具有祕密性的營業秘密會特別加以保護。因此，麥可有可能洩漏了披薩店的營業秘密，會被認定違反營業秘密法！

　　不過，因為麥可是本書的讀者，知道成立營業秘密需要符合 3 個要件，可以趕快再看下 2 篇，如果其他 2 個要件中任何一個不符合，還是可以主張不是營業秘密。

2 情書不是營業秘密？

范慈容

海角七號的 7 封情書相隔 60 年才飄洋過海，在被公諸於世前的 60 個年頭，雖然是一個大家都不知道的祕密，但卻不是營業秘密，你知道為什麼嗎？答案在於情書是一種抒發感情的作品，雖然有無價的「情感價值」，但卻不具有「經濟價值」。

「營業秘密」顧名思義是一種與「營業」相關的祕密，也就是一種與商業相關的祕密，是為了維護產業倫理與競爭秩序，調和社會公共利益的產物，目的在於避免企業間以不正當的方法相互挖取營業秘密，造成不公平競爭的現象，因此營業秘密的第二個要件必須具備「經濟價值」（價值性），意即「具有實際或潛在經濟價值的祕密」才屬於營業秘密。因此，情書、明星八卦，甚至是國防機密，雖然都是祕密，但卻不是營業秘密。

營業秘密需要被保護的原因在於鼓勵產業創新，如果有一個公司研發出與營業有關的資訊，這些資訊被保護在一種祕密狀態而且具有經濟價值，不管這種經濟價值是目前立即可以實現的經濟利益（稱為「實際的經濟價值」），或者是目前雖然沒有立即可得實現的經濟利益，但在未來必然可以獲得經濟利益（稱為「潛在的經濟價值」），法律上都認為它們是值得被保護的。因為這個祕密對於事業的競爭力有其重要性，一旦祕密被公開，將對企業的競爭能力造成影響。

舉例而言，行銷數十年的肯德基炸雞祕方，一旦被洩漏，肯德基公司會立即受到相當大的經濟上損失，這就是「實際的經濟價值」。相反地，一個在實驗中的研發成果，雖然還沒有在市場上銷售，但是因為預計數個月或數年後相關產品將上市，如果產品配方在上市前被公開，可能導致產品無法順利上市，或者上市後獲利將會受巨大影響或根本無法獲利，這就是「潛在的經濟價值」。因此，營業秘密並不以開發完成的資訊為限，任何在營業上有價值或具有競爭性的資訊，不論

是否已完成或仍在開發階段，都可以構成營業秘密。

　　營業秘密法第 2 條規定，營業秘密係指「方法、技術、製程、配方、程式、設計或其他可用於生產、銷售或經營之資訊」。因此營業秘密大多與生產、銷售或經營的資訊相關，被認為具有「經濟價值」。例如蘋果公司 (Apple) 各年度推出之 iPhone 款式等，就是屬於「生產資訊」，該等資訊的保密使其他競爭者無法預測或即時採取迎戰的策略，而蘋果公司也可以因此營業秘密在市場上獲得銷售利潤。再者，例如連鎖超商 7-11 將在暑期推出購買 77 元商品集點可獲得某種公仔的促銷手法，則是屬於「銷售資訊」，該等資訊的保密足以使其他競爭者無法即時採相同或類似的競爭策略。其他例如某 DVD 出租商與全家便利商店合作推出「網上租片，巷口取貨」之合作模式，就是屬於「經營資訊」，該等資訊的保密也能使競爭者無法立刻採取雷同的競爭策略，可創造一種經營上的優勢。因為這些資訊都具有「經濟價值」（價值性），所以符合「營業秘密」的第二個要件。

　　在前面麥可的案例中，如果老闆的獨門祕方符合「祕密性」，再加上依照獨門祕方製作的披薩是用來販售的，所以具有「經濟價值」，就會符合「營業秘密」的第一及第二個要件。

3 我的研發成果不符合營業秘密？

范慈容

　　A 線上遊戲公司歷時多年終於開發出一套相當珍貴的遊戲軟體產品，A 公司老闆開心得晚上都睡不著，相信這套新的線上遊戲產品一定可以「殺很大」，為公司賺進大把大把的鈔票。沒想到，在 A 公司產品發表會的前 3 天，B 公司竟然搶在 A 公司之前，推出一個十分雷同的線上遊戲，搶得市場先機，造成市場上的大轟動，卻也使 A 公司產品問世後無人聞問。A 公司展開緊急調查，才發現原來研發成果被員工洩漏給 B 公司，於是 A 公司一狀告上法院，沒想到法院最後竟然判決 A 公司敗訴，認定該線上遊戲不屬於 A 公司的營業秘密，敗訴的主要理由竟然是「A 公司沒有採取合理的保密措施」。

　　A 公司老闆聽到判決結果，十分生氣，聽說住在隔壁的小明是一個正在研讀營業秘密法的學生，趕緊來請教小明法院的判決到底是什麼意思？小明翻開本書後發現，營業秘密的所有人必須採取「合理之保密措施」，這是「營業秘密」的第三個要件——「合理保密性」。

　　營業秘密之所以需要被保護，在於營業秘密所有人主觀上有保護祕密的意思，且客觀上有保密的積極行動。如果所有人沒有採取合理的保密措施，任何人都可以自由接觸相關資訊，既然所有人本身並不在乎資訊的保密，法律也就不需要給予保護。這就好比法律保護所有人的財產不被非法竊盜，但是如果所有人自己都不好好保管自己的財物，到處亂丟，變成無主人的財產，對於撿到這個東西而拿去用的人，法律並不會處罰他。營業秘密的保護也是一樣，是為了保護祕密資訊不被他人以不正當的方法侵害，法律要求所有人必須已盡「合理的努力以維持其祕密性」，也就是必須採取「合理之保密措施」才可受保護。

　　「合理之保密措施」到底是什麼意思呢？營業秘密法並沒有明確的規定，一般業界可能採用的保密措施包括以下幾種：

　　一、對於以書面或電子郵件形式的祕密文件或檔案，在文件或檔案開頭應該以顯著字樣標示「機密」、「限閱」，或其他類似的標示或符號。

　　二、對於前述文件或檔案，應嚴格管制這些資料被影印的機會。

　　三、公司內部應該要制定保密計畫及保密措施，例如將公司的研發成果妥善保管，如放置於保險櫃、要求研發人員的辦公室需隨時上鎖，或禁止無關的人員接近存放機密文件的處所等。

　　四、與所有可能接觸該等特定營業秘密的人員均簽立保密協定。

　　五、限制這些機密資料被閱讀、讀取或接觸的機會，並禁止在公司內部廣為流傳。此外，有機會閱讀或接觸這些資料的人並應被告知該等資料之機密性與重要性。

　　六、企業與被授權使用資料的人，或其他外部人員討論該項營業秘密時，該被授權人或其他外部人員必須同意並且需要簽署保密協議，保證不會對外洩露該等祕密。

　　合理之保密措施並不限於以上幾種，所有人可以依個別情況採取各種合理且有效的保密措施。因此，「合理之保密性」是營業秘密的第三個要件。「祕密性」、「價值性」與「合理保密性」是構成營業秘密的必要條件，缺一不可。

　　在前面提到麥可的案例中，如果老闆沒有針對獨門祕方採取任何「保密措施」，不但廣為所有員工及工讀生所知，而且老闆常在大庭廣眾之下討論祕方的做法，甚至連顧客也聽得到，如此一來祕方就不屬於營業秘密，麥可當然也就沒有侵害老闆營業秘密的問題了。

4 公司的研發成果是誰的營業秘密？

范慈容

　　公司的研發成果到底是屬於誰的營業秘密呢？是屬於公司還是員工的？這個問題看起來很簡單，既然稱作「公司的」研發成果，難道不就是「公司的」營業秘密嗎？事實上，這個問題還有不小的學問呢！

　　一般來說，員工被一家公司聘僱，依照他在公司擔任的職務領有固定薪資，員工可以利用公司內的資源或經驗，在公司的監督下進行一些跟工作有關的研究和開發，這會被認為是「職務上研究或開發」的營業秘密。因此，依營業秘密法的規定，這種營業秘密原則上應屬於公司所有。但是如果公司和員工所簽立的契約另有約定時，例如約定營業秘密歸屬於員工或者由公司和員工共有時，則可以依照契約的約定。

　　相反的，如果是「不屬於職務上研究或開發」的營業秘密，而是員工於下班後所進行、不是在職務範圍內所做，或不是依公司交辦或指示所為的研究或開發，原則上這種營業秘密應屬於員工所有。

　　但是，如果有一種營業秘密雖然不是屬於「職務上研究或開發」，但員工是利用公司的資源或經驗開發所得的營業秘密，則會被認為是一種「與職務有關的研究或開發」。因為公司對於這種營業秘密的研究開發也有相當貢獻，所以營業秘密法規定公司可以在支付合理的報酬後，在公司內部使用該營業秘密。但要注意的是，公司只可以自己使用，如果公司想要在其他關係企業使用的話，必須另外取得員工的授權。

　　至於什麼樣的報酬會被認為是「合理報酬」？原則上應該由公司和員工協議決定。營業秘密法並沒有類似專利法第 8 條第 4 項「報酬有爭議時，由專利專責機關協調」的規定。如果公司和員工對於「合理報酬」應如何認定有不同意見時，則需要雙方再進一步協商，依具體事項考量決定，例如可以考量此營業秘密在產業上的利用價值、技術價值、商業價值等而為決定。因此，不管是公司或員工，如果想要妥善維護自身的權益，建議事先可以和員工或公司簽立明確的合約加以約定，以避免未來發生爭議！

5 他的營業秘密，我的營業秘密？

范慈容

　　在科技日新月異的時代，一個開創性的技術往往需要集合眾人的智慧與力量，共同研究開發而成。一般來說，除了同一家公司的多位員工共同研發外，跨公司的合作開發也愈來愈常見。例如 A 與 B 二家公司為了開發新疫苗共同出資、研究開發新疫苗技術，經過多年來的共同努力，終於研發出全新的疫苗問世。這個時候 B 公司說這是我的營業秘密，A 公司也說這是我的營業秘密，到底這個新疫苗是屬於誰的營業秘密呢？

　　此時 C 教授出來主持公道，C 教授說 A、B 公司都不要再吵了，既然是共同開發的技術，那麼就是屬於兩公司「共有」的營業秘密。但是 A 公司主張我出的錢比較多，B 公司主張我出的研究人力比較多，到底要怎麼分配共有的比例呢？C 教授問 A、B 公司在開發前有沒有簽立共同開發合約？如果先前有簽立合約，就看合約中有沒有就開發完成的技術約定應有部分分配比例，如果雙方有約定，就依照當初約定的比例來分配。

　　A、B 兩公司說，當初因為臨時決定共同開發，且為了節省律師費，所以並沒有簽署書面的合約。C 教授說，如果雙方沒有簽立合約的話，依照營業秘密法的規定，因為雙方就應有部分沒有特別約定，推定為「均等」，也就是說，雙方各享有 50％ 的權利。

　　A 公司認為這實在太不公平了，兩家公司的貢獻度不一定相同，怎麼可以推定均等呢？C 教授說，原則上在沒有特別約定的情況下，依法只能推定大家的貢獻度相同，平均共有該營業秘密。為了避免爭議，A 公司應該在事前先與 B 公司簽署共同開發合約，並在合約中明白約定雙方出資及貢獻的比例，以及將來營業秘密應有部分分配的比例，才不會吃虧。

　　此外，因為這個營業秘密是由 A、B 二家公司共有，將來如果營業秘密要使用、轉讓或者授權給他人使用的時候，除非合約有另外的約定，原則上需得到全體共有人的同意才可以。也就是說，因為 A、B 兩公司沒有訂立合約，不論是 A 公司或是 B 公司要使用該營業秘密來生產疫苗產品，都需要得到兩公司的共同同意；如果想要轉讓或授權他人使用該營業秘密時，也需要兩公司的共同同意才可以，但是，如果 A 公司或 B 公司沒有正當理由，原則上是不可以任意拒絕或不同意的。

6 員工帶走公司祕密有罪嗎？

范慈容

當你即將加入一家新公司，簽訂聘僱契約時，公司為何要你簽下保密協議？如果你是某知名連鎖超市的銷售經理，而你的學弟恰巧是另一家著名超市銷售部門的同業，謙遜地向你請教你超市的毛利率、成本計算方法以及商品定價方式，你可以告訴他嗎？如果你任職的電腦公司一向以特殊的技術聞名，競爭對手以高薪邀你跳槽，唯一要求是請你帶來一份原企業秘而不宣的電腦技術，你可以答應嗎？這個問題的答案不管你任職的公司在臺北還是在上海，並不會不一樣。

公司的某些發明、配方、設計、方法、技術、客戶名單、銷售管道及經營策略等資訊對公司具有特別重要的意義與影響，只要符合 3 個要件，都會被認定為祕密。在臺灣，我們稱為「營業秘密」，在大陸則被稱為「商業秘密」。就許多公司而言，如何保護和利用上述商業秘密是其維持公司營運、利益及領先地位的關鍵。

在大陸，員工如果違反了公司關於保守商業秘密的要求，洩露、使用或是讓他人使用公司的商業秘密，無論員工在職或已經離職，如果對原任職的公司造成重大損失，會被追究經濟責任（民事責任）及刑事責任。在臺灣，違反營業秘密相關規定同樣也可能依具體情況觸犯刑法背信罪、工商秘密罪及負擔民事責任。

在大陸，因侵害商業秘密案件而被判刑的案例屢見不鮮。2008 年，湖北省更是宣判了一起刑責很重的案例。被告 A 原任職湖北某公司擔任工程師，該公司耗費鉅資從外國引進某項精密機械製造技術，A 跳槽到其他公司後，向新公司提供原公司的機密技術，使其新公司迅速的生產出與原公司高度相似的同類產品，原公司產品的市場份額（市場占有率）亦因此迅速下滑，造成很大的經濟利益損失。最後被告 A 在二審時被以侵犯商業秘密罪判處有期徒刑 6 年，並處以罰金。雖然 A 在跳槽時獲得了優厚待遇，但卻換來了長達 6 年的牢獄之災，可說是得不償失。

　　身為公司的重要員工比一般員工更有機會接觸到公司的商業秘密，但在獲知商業秘密後，員工本身應當具有保密的意識。無故洩露公司的商業秘密，如果因而造成了公司的重大損失，可能面臨經濟及刑事責任，後果嚴重，應特別謹慎。

　　根據大陸國家公安部的統計，商業秘密刑事案件中 60 ％都與人才跳槽有關，80 ％以上的商業秘密外流是由內部員工引起的。因此，人員的因素是企業保護商業秘密的核心，加強與商業秘密相關的人員管理，是企業保護好自身商業秘密的要件之一。具體個案中，公司要證明員工洩漏公司的商業秘密未必容易，許多案例可能會因為事證不足而無法成案，因此，公司事先防患未然也是很重要的。

7 我的營業秘密被侵害時怎麼辦？

范慈容

　　F 公司是一家世界知名的手機代工大廠，B 公司則是一家新成立的手機代工公司，B 公司從 F 公司挖走整個手機設計部門，包括部門負責人及旗下工程師數十人，並帶走了 F 公司有關手機代工製造過程的機密文件，F 公司發現營業秘密被侵害後應如何處理？

　　首先 F 公司應該要先證明被帶走的機密文件符合營業秘密的要件，其次再證明跳槽員工或 B 公司有侵害營業秘密的行為（例如以不正當方法取得營業秘密，或明知是不正當方法取得的營業秘密而仍然使用等）。如果都可以證明的話，F 公司可以採取以下的民事救濟方法：

一、排除侵害請求權

　　發現營業秘密受侵害，F 公司可以提起訴訟請求排除侵害。

二、防止侵害請求權

　　發現營業秘密有被侵害之虞者，F 公司可以提起訴訟請求防止侵害。

三、銷燬或為其他處置請求權

　　F 公司請求排除或防止侵害時，對於侵害行為作成的產品或專供侵害所用的物品，可以提起訴訟請求銷燬或為其他必要的處置。

四、損害賠償請求權

　　如果 F 公司可以證明 B 公司或離職員工因故意或過失不法侵害 F 公司的營業秘密，F 公司可以提起訴訟請求 B 公司或離職員工負損害賠償的責任。如果 F 公司可以證明是由 B 公司及離職員工共同不法侵害 F 公司的營業秘密時，也可以請求 B 公司及離職員工連帶負賠償責任。

此外，F 公司應如何計算損害賠償的數額，方式如下：

㈠依民法規定請求 F 公司受到的損害或所失去的利益。但是，如果 F 公司無法證明它的實際損害金額時，可以 F 公司使用營業秘密時依通常情形可得預期的利益，減去被侵害後使用同一營業秘密所得利益的差額，來計算 F 公司所受的損害。

㈡請求 B 公司因侵害行為所得的利益。但如果 B 公司不能證明它的成本或必要費用時，就會以 B 公司侵害行為所得的全部收入來計算 B 公司所得到的利益。

㈢依㈠或㈡規定請求時，如果 F 公司可以證明 B 公司的侵害行為是屬於「故意」，法院還可以因 F 公司的請求，依照侵害的情節，酌定一個高於實際損害數額的賠償金，但是法院所訂的賠償金是不可以超過已證明損害金額的 3 倍。

最後，F 公司要注意的是，法律不保護讓自己權利睡著的人，如果超過一段時間沒有提出賠償請求的話，就不可以再提出了。依營業秘密法的規定，損害賠償請求權自 F 公司知道有侵害營業秘密的行為及賠償義務人（例如 B 公司或離職員工）時開始起算 2 年內，或者自侵害行為發生開始起算 10 年內不行使權利（提出損害賠償請求）的話，之後 F 公司就不可以再提出請求了。

8 外國人的營業秘密在臺灣受到保護嗎？

范慈容

　　要討論外國人的營業秘密在臺灣是否受到保護，第一個要先解決的問題是何謂「外國人」？一般我們提到「外國人」時，直接想到的通常是個人（法律上稱為自然人，例如阿湯哥），但是從法律層面來看，「外國人」除了包括自然人之外，還包括法人（常見的法人就是公司，例如阿湯哥所設立的好萊塢星球公司）。營業秘密顧名思義大多與「營業」相關，所以通常也和公司比較相關。因此這裡所說的外國人，除了自然人以外，還包括外國公司。

　　第二個要注意的問題是什麼是「外國公司」。如果一個外國人在臺灣成立一家公司，即使這家公司的股東全部都是外國人，但是因為這家公司是依照臺灣法律所設立的公司，基本上這家公司是一家臺灣公司，臺灣法律對它的保護就和臺灣人所設立的公司是一樣的，不會因為股東都是外國人就被認為是外國公司。因此，所謂的外國公司是指依照外國法律設立的公司（例如美國的蘋果公司），這家公司的營業秘密在臺灣是否受到臺灣營業秘密法的保護可就不一定囉！

　　基本上因為營業秘密法是一種國內法，只在我國領域內有效，沒有域外效力。也就是說，我國的營業秘密法原則上只保護我國公司，一個在我國沒有設立分公司的外國公司，似乎不會受到我國營業秘密法的保護。但在現代如此國際化的社會中，國際貿易非常普及，如果一個外國公司在臺灣完全不受到保護，那麼臺灣公司的營業秘密在國外可能也不會受到保護，這會對於從事國際貿易的各國公司產生不良的影響。因此，我國營業秘密法訂有例外保護外國人營業秘密的規定。

　　我國營業秘密法是採取「互惠主義」，如果該外國人所屬的國家與我國有相互保護營業秘密的條約或協定，或者依照該外國人的本國法令對我國國民的營業秘密加以保護，該外國人的營業秘密在臺灣就會受到保護。相反地，如果該外國人所屬的國家與我國沒有相互保護營

業秘密的條約或協定，或者該外國人的本國法令並不保護我國國民的營業秘密時，此一外國人的營業秘密在臺灣就同樣不會受到保護。舉例來說，如果美國依法律或是依條約協定會保障我國國民的營業秘密，那麼阿湯哥或阿湯哥設立的美國公司，其營業秘密在臺灣也就會受到保障。相反地，如果 A 國與臺灣不但沒有簽訂相互保護營業秘密的條約或協定，而且 A 國的法律或法院案例顯示 A 國不會保護我國國民或我國公司的營業秘密，則 A 國國民或 A 國公司的營業秘密在臺灣也不會受到我國營業秘密法的保護了。

三、專 利

C

GP

P

TS

TM

1 陽光、空氣、水
——無所不在的專利

呂　光

　　陽光、空氣、水是所謂的生命三大要素，也是我們日常生活中所仰賴的，即使大多時候我們渾然不覺它們的存在。專利其實也是一樣，比較炫、新潮、或有重大突破的發明或許比較容易吸引眾人目光，但更多無以計數的專利，包括發明（指利用自然法則之技術思想的創作）、新型（指利用自然法則之技術思想，對物品之形狀、構造或裝置的創作）、及新式樣（指對物品之形狀、花紋、色彩或其結合，透過視覺訴求的創作），其實遍布我們的生活周遭，但不易使人察覺。

　　許多藥品與疫苗受有專利之保護，或許較為大眾所周知。舉例而言，近年大家最關注的健康衛生議題，即 H1N1 新流感疫情於世界各地的蔓延。根據聯合國世界衛生組織 (WHO) 截至 2009 年 9 月 30 日為止的統計數字，H1N1 新流感確診病例數已經遠超過 25 萬例，至少已造成全球超過 4,000 人死亡，而國內因為 H1N1 新流感重症死亡病例，截至 2010 年 9 月，亦已達 50 起。據了解，H1N1 病毒株對全球各項流感藥物普遍具有抗藥性，僅對於口服的克流感 (Tamiflu) 及吸入式的樂瑞沙 (Relenza) 兩項藥物不具抗藥性，因此，擁有克流感專利權的美國生技公司吉利德科學 (Gilead Science) 和獲得授權生產的瑞士羅氏大藥廠 (Roche)，及擁有樂瑞沙專利權的英國藥業巨擘葛蘭素史克 (GSK)，皆因各國抗疫需求而增加該等藥品的生產。

　　我國也曾引發是否應在此　非常時期及早啟動強制授權，讓本土廠商自行量產克流感之爭議（註：根據專利法第 76 條第 1 項規定，為因應國家緊急情況或增進公益之非營利使用或申請人曾以合理之商業條件在相當期間內仍不能協議授權時，專利專責機關得依申請，特許該申請人實施專利權；其實施應以供應國內市場需要為主）。由於 H1N1 新流感在全球蔓延，各國政府皆積極投入大量的人力、物力進行防疫工作，一般民眾對於相關防疫工作的進行也給予高度關注，也因

此，有關 H1N1 疫苗、藥物及相關專利，已為大家所知悉並引發熱烈討論。

除了與藥品有關的專利外，與醫療器械有關的專利，也是不勝枚舉。例如，過去大家對於胸腔及腹腔手術的認知，大都認為是必須開膛破肚、危險性極高的重要手術；然而，微創手術器材的應用與普及化，使過去此類危險性較高或病患復原期需時較久的重大手術，已經變成普通而常見的小手術。醫療技術的提升及相關工具器材的發明與改善，對於人類健康的維持、醫療的成功率及生活品質的提升，實有重大的貢獻。

奈米技術及生物技術的日新月異，使得青春永駐對於現代人而言亦非難事。彩妝業者不斷研發出新技術、新產品，例如標榜擁有專利的「自動補光科技」，可配合不同的肌膚色調，調整出最完美的遮瑕覆蓋效果；又如醫療美容業者常標榜透過不同的專利配方，可使皮膚有特別細緻的膚觸；而針對油光問題，亦有所謂的「持妝薄透網膜科技」專利，能察覺膚況改變狀態，預防臉泛油光，讓肌膚維持一定的保濕平衡度，達到油水自動平衡。此外，各種醫學上、生技上的防皺抗老專利產品，更是五花八門，應有盡有，在每年百貨公司的周年慶中，成為消費市場上的主力商品。

其他充斥於我們生活周遭，以產品形式呈現的專利技術，更是多如牛毛。人手一機（或甚至多機）的行動通訊裝置、電視機、電腦、行動衛星導航裝置、數位相機、汽車、機車，乃至於目前最夯的小摺，帶給我們生活上極大的便利，而這些商品背後其實都有許多不為人知的專利技術。依據世界知識產權組織 (WIPO) 於 2009 年發表的世界智慧財產指標報告 (World Intellectual Property Indicators)，全球每年的專利申請案件，可高達數百萬件。由此看來，數量如此龐大的專利發明，在我們的生活中確實是無所不在呢！

2 DVD 專利知多少？
──劃時代的視訊發明

呂　光

　　DVD(Digital Versatile Disc) 是現代生活所常見的生活用品，舉凡電影、演唱會、日劇、英文教學產品、兒童幼教節目等，都可以儲存於直徑為 12 公分左右，厚度不到 0.2 公分的 DVD 中，供現代人進行使用。依照維基百科的定義，DVD 的中文為「數位多功能光碟」，是一種光碟存儲器，通常用來播放標準電視機清晰度的電影，高質量的音樂與作大容量儲存資料用途。DVD 與 CD、VCD 的外觀極為相似，但其中所牽涉的技術可是大大不同。如果到我國智慧財產局的網站進行檢索，與數位多功能光碟有關的專利，包括與 DVD 光碟、DVD 播放機、DVD 光碟機有關者，數量相當可觀。

　　較為「資深」的民眾也許還記得，在 DVD 推出之前，VHS 盒式錄影帶相當普遍，常見的 VHS 盒式錄影帶形狀像個黑色磚塊，裡面的磁帶寬 12.65 毫米。磁帶的保存相對較為困難，磁帶很容易發霉（尤其在臺灣這種比較潮濕的環境中），或因乾燥脆裂，導致儲存資料受損，難以復原。此外，也因為 VHS 盒式錄影帶體積較大，因此資料保存相對較為耗佔空間。

　　後來 SONY、飛利浦 (Philips)、JVC、松下 (Panasonic) 等電器生產廠商研發出有重大突破之儲存科技，並聯合於 1993 年制定影音光碟標準 (Video Compact Disc, VCD)，即一種在光碟 (Compact Disk) 上存儲視頻信息的標準，直接威脅到 VHS 盒式錄影帶的生存空間。嗣後於 1995 年，業界更推出劃時代的視訊發明，即高容量光碟標準 DVD，此後，VCD 也被認為會被 DVD 所取代，因為 DVD 畫質相對較佳，且具有字幕、選單等特殊功能。不過因為 VCD 的成本較為低廉，且沒有 DVD 的區碼限制問題，此等優點讓 VCD 目前還能於市場上生存，尚未被完全淘汰。

　　目前 DVD 的關鍵零組件技術都掌控在美國、日本、歐洲等企業手中，包括飛利浦、SONY 及先鋒 (Pioneer) 3 家公司所組成的授權集團（也就是業界常說的 "3C"），東芝、日立、松下、三菱、時代華納及 JVC 等 6 家公司所組成的授權集團（也就是業界常說的 "6C"），以及法國湯姆笙 (Thompson) 公司（也就是業界常說的 "1C"）。臺灣過去為生產 DVD 碟片、DVD 光碟機、DVD 播放器之生產重鎮，因為生產前述產品必須使用到關鍵零組件技術，如未經授權而使用相關技術或專利即可能構成智慧財產權之侵害。

　　事實上，業界對於儲存媒介的研發一直未曾停歇，所努力的方向至少包括體積的減少、儲存容量的提升、讀取的便利性，以及相關使用上的突出功效。DVD 雖已是近年來最受歡迎的資料儲存方式之一，但其耐用性和儲存容量絕對還有提升的空間。例如，藍色雷射光的波長比紅色雷射光短，可讀取儲存密度更緊密的資料，如使用藍光技術，光碟儲存容量便能擴增，因此，業界亦已投入許多精力朝藍光光碟 (Blu-ray Disc) 發展。此外，日商 TDK 亦標榜其已發明出刮不壞的 DVD，企圖藉由一種強有力的塗佈 (coating) 技術，讓一刮就毀的 DVD 光碟片走入歷史。

　　如果臺灣也能在研發能力上大幅提升，在 DVD 發明爭霸戰中發展出關鍵專長技術，或許還能主導規格的制定，尋求最大的商業利潤。事實上，依我國經濟部智慧財產局的統計，目前中國大陸、美國、日本為全球專利申請件數最多的國家，但我國向美、日、歐、韓及中國大陸的專利申請，目前亦可維持在全球前 10 名（其中，向中國大陸及美國申請件數排名分居第 3、4 位）。我國有優質的教育環境，許多學生在各項國際學術競藝上都大放異彩，如果未來我國能繼續加強技術人才的培育，業界能掌握市場脈動及投入充足的研發資源，相信我國產業在激烈的專利競賽中，與其他科技大國相比，將毫不遜色。

3 我跟科展夥伴們可以一起申請專利嗎？

呂　光

　　科展研究結果可以申請專利嗎？答案是：「不一定」！筆者高中時期曾經在老師的鼓勵下跟其他同學一起參加科展，經過 2 個月左右的努力後，幸運地拿下了全校物理組的「特優」，這樣還算有些成績的研究成果，科展夥伴們總可以申請專利了吧？其實並不盡然。筆者與夥伴們當初研究的是「單擺的耦合」現象，簡單來說，綁在同一棍子上的兩個單擺會有能量交換的現象，如果先讓一個擺動一個靜止，原先擺動的單擺，擺動角度會逐漸變小，而靜止的單擺會逐漸擺動起來；到了某一瞬間，原先擺動的單擺會完全停止，而原先靜止的單擺會擺盪到最大；接著又周而復始交換能量輪流擺動。這樣一個單純物理現象的研究結果，並不符合我國取得專利的要件。

　　並非所有的發明、創作、研究都能取得專利，獲得專利保護。我國專利法所稱的專利，分為三種：發明專利（發明，係指利用自然法則之技術思想之創作）、新型專利（新型，係指利用自然法則之技術思想，對物品之形狀、構造或裝置之創作）、及新式樣專利（新式樣，係指對物品之形狀、花紋、色彩或其結合，透過視覺訴求之創作）。而前述三種專利類型，各自具有一定的專利要件。發明專利及新型專利須符合「產業利用性」、「新穎性」及「進步性」等三大要件；新式樣專利則須符合「產業利用性」、「新穎性」及「創作性」等三大要件。

　　首先，專利必須符合「產業利用性」的要件，也就是在產業上能被製造或使用。依照我國專利專責機關（即經濟部智慧財產局）公告之「專利審查基準」，理論上可行之發明，若其實際上顯然不能被製造或使用者，即不具產業利用性。例如，為防止臭氧層減少而導致紫外線增加，發明出一種新方法，以能吸收紫外線之塑膠膜包覆整個地球表面，此一方法在理論上雖然可行，但顯然並非產業上可以具體實施。

其次，專利亦須具備「新穎性」的要件。我國專利法規定申請前已見於刊物或已公開使用，或申請前已為公眾所知悉者，因不具新穎性，所以不能申請取得專利。但如因研究、實驗、因陳列於政府主辦或認可之展覽會，或非出於申請人本意而洩漏者，申請人得於前述事實發生之日起 6 個月內申請專利。因此，同學們如果在參與科展的過程中，有符合專利要件的發明、新型或新式樣的創作，就可以在正式公開創作前先申請專利，或最晚在公開之日起 6 個月內申請專利，以免因不具新穎性而喪失專利申請權。

另外，有關於「進步性」及「創作性」，依照專利審查基準，因專利制度係授予申請人專有「排他」之專利權，以鼓勵其公開發明、新型或新式樣內容，使公眾能藉以參考利用，因此，如果相對於先前既有的技術或技藝，並無特殊貢獻，也就是不具有「進步性」或「創作性」，就沒有授予專利的必要。換言之，申請專利的發明、新型或新式樣，是所屬技術領域中，具有通常知識者依照申請前的先前技術或技藝，能夠輕易完成或易於思及的，就不能取得專利。

筆者前述關於物理現象的單純研究，並不直接在產業上能被製造或使用，故不符合「產業利用性」的要件，此外，是否符合新穎性及進步性等要件，亦非無疑。換言之，一個用心的研究也許真能獲得有意義的結果、數據或創作，但該成果未必能符合專利的要件；是否具有獲准專利的資格，仍需按專利法規定逐項進行評估審查。

最後要注意的是，如果科展研究的成果是團隊合作的結果，這樣的發明、新型或新式樣的創作，可能會被認為是大家共同的智慧結晶，因此專利申請權是團隊成員所共有，應由全體團隊成員以專利申請權共有人的身分提出申請。如果專利權應該由團隊成員所共有，但並非由共有人全體申請，經濟部智慧財產局就可能依舉發或依職權撤銷該專利權，不可不慎。

4　複製羊或王建民獨創的伸卡球球路可以申請專利嗎？

簡秀如

　　新聞報導科學家由山羊的身上取得細胞，進行培養後經過若干處理，再植入母羊子宮內，成功產出具有與原來山羊完全相同染色體的「複製羊」。新聞中也提到，旅美棒球明星王建民，以有別於以往的獨特「伸卡球」球路，在競爭激烈的美國職棒中占有一席之地。前述的「複製羊」及「伸卡球」的創舉，在科學或體育領域中都是重大的突破，廣受矚目。那麼發明複製羊的科學家，或王建民和其教練，可以申請專利保護嗎？

　　國家給予專利權人一定期間的權利保護，排除其他人實施發明的可能性，具有獨占的效果，但是並非任何種類的發明都可以受專利保護，必須考慮各種法律因素而有一定的限制。再者，與「著作權」主要保護的是「表達」的形式不同，專利權關心的是背後的「技術思想」，而不是「表達」該技術思想的文字本身。例如，對於「太陽能動力模型車」之發明，專利權要保護的是如何設計、運作該「太陽能動力模型車」的「技術思想」，而非「太陽能動力模型車」的設計圖或操作說明書。

　　又所謂「技術思想」，必須是「利用自然法則」，也就是利用「自然界中固有的規律」，透過人類心智活動加以創作，其「發明」才能稱得上具有「技術性」而可能取得專利權的保護。如果只是單純地「發現」自然界裡本來就存在的物質或現象，或者是一項違反自然法則的發明，或根本不是利用自然法則而是人為的規則、方法或計畫等，就不能被認為是「利用自然法則之技術思想」的創作，無法申請專利。從這個角度來看，王建民和他的教練共同研發的獨特「伸卡球」球路，屬於投球的特殊手法，必須靠王建民自己不斷地練習加上他的運動天分及體能，才有可能成功實現，這種運動的方法並沒有利用到「自然法則」。雖然在棒球世界裡確實是高超的「技術」，但並不具有專利法所關心的「技術性」，因此無法取得專利權的保護。

　　此外，即使符合「利用自然法則的技術思想」條件，也不是所有的發明都可以獲得專利權。基於保護公共秩序或道德的目的，包括保護人類、動物或植物的生命、身體、健康，或為避免對環境造成危害，而必須禁止某些發明在其領域內從事商業上實施，因此法律可以選擇對某些特定的發明，排除其取得專利保護的機會。至於哪些特定發明不予專利，各國規定不盡相同。在我國專利法中，例如，用於人體或動物疾病的診斷、治療或外科手術方法的發明，即無法給予專利。此係基於人道主義之考量及對於生命、身體的尊重，讓醫師在診斷及治療時，能自由地依其專業選擇適當治療方法及條件，避免發明人獨占其發明，排除其他人的使用。而若一項發明有妨害公共秩序、善良風俗或衛生的情況，如吸毒的方法等，也不能給予專利保護。

　　另一種不能給予專利保護的情況是「動物」或「植物」的發明，以及「生產動、植物的主要生物學方法」。是否屬於「生產動、植物的主要生物學方法」，判斷的標準在於該方法中，「人為技術」是否居於關鍵性的作用；如果完全是透過自然現象，例如純粹經由動物的自然交配而生產動物的育種方法，即屬「主要生物學方法」，而不能准予專利。由前述的說明可知，「複製羊」為「動物」的發明，其本身並不能申請專利；但「生產複製羊的方法」，倘若「人為技術」在其中扮演關鍵性作用，其發明本質具有「技術性」，而不算是「以主要生物學方法生產動物」的情況，則可以申請專利的保護。

5 專利要多「新」才能受保護？

簡秀如

　　某高中生利用課餘時間研發「太陽能動力模型車」，參加教育部主辦的全國中小學科學展覽獲獎，1 年後，在父母及師長的鼓勵下，向智慧財產局申請專利。但不久之後，卻接獲智慧財產局的公文，通知該高中生因為他已經在科學展覽中發表發明內容，且國外的汽車模型雜誌上已經刊登有相同的「太陽能動力模型車」，其所介紹的原理都和該高中生申請專利的內容相同，所以其發明不具「新穎性」，不能准予專利。

　　專利權制度的目的，是藉由給予專利權人相當的權利保護，鼓勵專利權人公開其技術予社會大眾，進而促進國家的科技進步及產業的發展。因此，如果該技術的內容已經公開，國家就沒有授與專利權以交換將技術「公開」的必要性。技術內容之「公開」與否，就是專利法上「新穎性」概念的核心；假設某一發明在專利申請之前已經「公開」，一般而言就會認為其發明並不是前所未見，不具備「新穎性」，因此不能給予專利權的保護。

　　所謂的「公開」包括幾種情況：1.是否已經刊登於刊物。2.是否已經公開使用。3.是否已為公眾所知悉。專利制度中所關心的「公開」，必須是處於公眾可以隨時閱覽或知悉的狀態，不需要達到公眾「實際上已經閱覽」或「已真正得知內容」的程度；如果只是特定的少數人有機會傳閱的情況，可能不算是「已公開」。再者，縱使刊登發明內容的刊物並不是我國國內刊物，而是在國外發行的外文刊物，只要其發行的日期比在我國申請專利的日期（或優先權日）還早，在我國專利制度下，仍然會認為其發明已經「公開」，而不具備「新穎性」。

　　但是前面所說的「公開」與否，並不是導致申請專利的發明是否具備「新穎性」的絕對條件。在某些特定的情況下，例如因為研究、實驗目的，或因陳列於政府主辦或認可之展覽會等情形，而在申請專

利之前已經將發明的內容公開時，只要在因為這些情形而公開之日起6個月內，向智慧財產局提出專利申請，在申請時主動說明這些情形及日期，且在智慧財產局指定的期限內提出證明文件，則其「公開」不會被智慧財產局認為造成「不具新穎性」的原因。前述「6個月」的期間稱為「新穎性優惠期」或「新穎性寬限期」。

可以享受「新穎性優惠期」的理由，是因為科學技術人員的研發達到一定程度後，通常都會希望儘早在學術期刊等處發表，這種發表不具有商業性質，又可促進科技發展，所以沒有理由因為單純研究或實驗目的而發表發明內容，就剝奪其取得專利保護的機會。此外，若是因為參與政府舉辦或認可的國、內外展覽會，而將發明的技術內容予以公開，也不應該反而認定其發明「不具新穎性」。

前述高中生發明「太陽能動力模型車」的案例，如果確實在其申請專利之前，已經有國外的汽車模型雜誌刊載過相同的發明，縱使國內還沒有任何文獻提到相同發明，該「太陽能動力模型車」仍然不能認為是具備「新穎性」的發明。又該高中生是因為參加教育部舉辦的科學展覽會而將其發明公開，如果他當初是在公開後6個月內向智慧財產局提出專利申請，且在申請的同時就主動說明科學展覽的情形及日期，並在智慧財產局指定的期間內提出相關證據來證明，就可以享有「新穎性優惠期」。

6 「可彎曲吸管」夠格申請專利嗎？

簡秀如

　　某塑膠工廠老闆專門供應各式水管給廠商及五金行販賣。某日接獲洗衣機製造商訂單，要求製造用於洗衣機內部之彎曲水管。塑膠工廠老闆看到設計圖面後，靈機一動，將類似的彎曲管設計改用於喝飲料的吸管上，生產後銷量甚佳，且廣受茶飲消費市場的歡迎。「可彎曲吸管」這種在飲料周邊用品市場前所未見的創舉，夠格申請專利嗎？

　　為了喝飲料而設計的「可彎曲吸管」，如果在飲料周邊用品產業中屬於首創，而且在世界各地都沒有見過相同的吸管，則它的確是「新」的發明，具備「新穎性」而可能可以申請專利保護。但是，一個發明只是「新」還不夠，還必須「不容易完成」，才能稱得上具備「進步性」。「新穎性」和「進步性」都是取得專利權的條件；確定有「新穎性」之後，才要考慮「進步性」。

　　現今工業發達，科技發展快速，已經很少有機會能夠做出像當年愛迪生發明電燈一樣的「開創性」發明；大多數的研發，都是立於已經存在的技術水準上，從事技術上的變化或改良。專利權的制度，不要求必須是「開創性」的發明才能給予保護，只要它所提出的技術上變化或改良程度，並不是其他同樣技術領域中具有通常知識的人，也可以輕易完成的，國家原則上就會承認這個發明有「進步性」，而沒有拒絕授予專利權的理由。

　　「進步性」的有無，是探討一個發明對於已知技術的變化或改良程度，既然涉及程度的比較，就難以用非常客觀的方式加以評斷。但仍然有幾個準則可以遵循：一是比較的對象，是在提出專利申請前（或優先權日）已經公開的習知技術，這個觀念與前一篇討論過的「公開」概念相同，也就是要找出在專利申請日之前就已經發行的刊物或文獻（包括網路資訊等），或者其他已經公開使用、為公眾所知悉的相關知識，來與申請專利的發明比較。二是從一個「虛擬的人」的立場來進

行比較，而這個人具有相同技術領域（例如「飲料用吸管」這個技術領域）的通常知識，同時也有執行這個技術領域例行的工作及實驗的普通能力，以他的立場來看問題。所謂「通常知識」、「普通能力」，是表示並不能用具有非常精深知識或高超實驗技能的專家角度來做判斷，否則可能會認為所有的發明都過於簡易，而妨礙專利權的合理授予。

　　第三個準則，就是立於前面所說的虛擬角色，將申請專利的發明，和專利申請前已經公開的習知技術，來做比較，看看是否會認為這個發明，不過是把習知技術進行簡單的轉用、置換、改變或組合，就可以輕易完成的。如果是，就會認為其發明是「顯而易知」的，不具備「進步性」，而不能給它專利權的保護。反之，若比較的結果，發現這個發明並不是相同領域中具有通常知識的人，可以依靠專利申請前已經公開的習知技術，就可以輕易完成的話，就應該認定它具有「進步性」。

　　因此，前面所述塑膠工廠老闆發明「可彎曲吸管」的例子，必須考慮「可彎曲吸管」和洗衣機內部彎曲水管（即習知的技術）之間，是否有「顯而易知」的情況；也就是對於從事吸管供應業的一般技術人員來說，是否在塑膠工廠老闆申請專利之前，也很容易從「洗衣機的彎曲水管」想到並用於飲料的「可彎曲吸管」；如果不容易想到或不容易完成用於飲料的「可彎曲吸管」，就可以被認為有「進步性」。

7　我的專利可以插隊嗎？

簡秀如

　　某高中生發明「太陽能動力模型車」，參加全國中小學科展獲獎。他的叔叔是專業的模型車製造及外銷廠商，打算將這個發明量產上市，因為美國是叔叔公司的主要外銷國家，於是叔叔建議他到美國申請專利，以確保在美國市場的利益。沒想到當他在美國申請專利 10 個月之後，卻發現有人在第 8 個月的時候，用同樣的「太陽能動力模型車」發明，向我國的智慧財產局申請專利。倘若他現在也想趕快去智慧財產局申請專利，還來得及嗎？

　　如果有兩個人分別研發出相同的發明，而且都想要申請專利，因為智慧財產局不可能重複就相同發明給予專利權保護，所以會以先來申請專利的人為優先，這叫做「先申請原則」。有些國家（例如美國）採取「先發明原則」，專利權是給先完成發明的人；但因為很難判斷到底誰先完成發明，如果用「申請日」來比較的話，就有客觀的標準，因此我國採用「先申請原則」，先搶先贏。基於這個原則，完成發明之後如想要取得專利，最好儘早向智慧財產局提出申請，以免被其他也在從事相關研究的人搶先。

　　在「先申請原則」的前提下，前面例子所提到的高中生，他本來是來不及向智慧財產局申請專利的，專利權只能給先去申請的人。然而，因為他在 10 個月前已經先在美國申請專利了，他就有可能可以插隊而在我國取得專利。

　　現在資訊流通及商業運作越來越國際化，一個產品有機會行銷全球，企業也可能在世界各國都設有據點，從事商業活動。每個國家都有自己的法律和制度，企業在各國的活動都必須遵守各個國家的法律和制度。以專利制度來說，雖然有些地區的國家聯合起來成立一個國際組織或簽署國際公約，使這個地區的專利申請制度統一化，但各國仍有它自己的專利申請法令和主管的政府機關。對於一個想要在全球

銷售某一項科技產品的跨國企業而言，如果要求它在同一天就到每個國家或地區去申請專利，將會對公司的專利管理工作及費用的支出造成非常大的負擔。所以大部分的國家都設有所謂「優先權」制度，讓發明人或專利申請人可以先到一個主要國家（例如美國）或國際組織申請專利，只要他在一定期間內向其他國家或地區也提出申請，就可以主張享有「優先權」。

我國的專利制度也跟隨這樣的世界潮流，對於一項發明，只要在其他任何與我國相互承認優先權的外國第一次申請專利之後的 12 個月內，到我國來申請專利，並在申請專利的同時主張「優先權」，且提出相關文件作為證明，則專利申請人就可以享受「優先權」的優惠。

在前面的例子中，因為發明「太陽能動力模型車」的高中生已經在美國申請專利了，雖然在我國被別人搶先申請，但因為還在 12 個月之內，他仍然可以到智慧財產局提出申請，同時告訴智慧財產局他在美國已申請專利的事實且提出證明文件，主張「優先權」。如果智慧財產局審查認為他確實可以享受「優先權」，就等於認同他比另一個人「先申請」。

享受「優先權」還有另一個好處，就是判斷「新穎性」和「進步性」的時間點提前。對於沒有主張優先權的發明來說，智慧財產局必須以申請專利的日期為準，審查在該日期之前有沒有任何公開資料已經揭露相同的發明，或者同一技術領域中具有通常知識的人，是否可以基於該日期之前已經公開的習知技術，而輕易完成其發明。因為科技的研發成果是逐步累積的，公開資料中會提及相同或相近發明的機會，當然會因為時間點設定的早或晚而有不同。若享有「優先權」，智慧財產局就會用「優先權日」（也就是專利申請人在外國第一次申請專利的日期）來當作比對公開資料的時間基準點。在我國，這個時間點最多可以比專利申請日提前 12 個月，降低被找到相關公開資料的可能性。

8　鹹魚可以翻身嗎？

簡秀如

　　塑膠工廠老闆研發出「可彎曲吸管」，向智慧財產局提出專利的申請，但幾個月後，卻收到智慧財產局的「核駁審定書」，告知雖然沒有找到任何國內外公開資料提到相同的「可彎曲吸管」，具有「新穎性」，但這個「可彎曲吸管」的技術，顯然是可從習知的洗衣機內部彎曲水管輕易完成，沒有「進步性」，故不給予專利。老闆相當不服氣，他相信「可彎曲吸管」是在飲料周邊用品市場前所未見的創舉，且自從推出之後，銷路特佳，認為智慧財產局的決定沒道理。他的發明有辦法翻身，重新獲得智慧財產局的青睞嗎？

　　答案是有機會的。為了維護人民的權益，任何政府機關對於某個案件的決定，通常不會是「一次定終身」；人民如果對於這個決定不服，都有挽回或改變的機會。在申請專利的情況，若智慧財產局第一次審查後認為有不具「新穎性」或「進步性」或其他情形，而審定「不予專利」，但專利申請人對於智慧財產局的看法有不同意見，他可以在收到審定書之日起 60 天內，向智慧財產局申請重新審查一次。智慧財產局的第一次決定只是「初審」的結果，專利申請人有機會在「再審查」階段中充分表達觀點，與智慧財產局重新指派的審查人員作溝通，甚至修改他的申請內容，爭取獲得專利權保護的可能性。

　　如果智慧財產局在經過「再審查」之後，仍然堅持原來的意見，或者找到其他理由，而再次作成「不予專利」的審定，此時專利申請人並不是就只能選擇放棄，他還是可以透過訴願、行政訴訟的制度，來翻轉智慧財產局的決定。

　　「訴願」簡單來說，就是向智慧財產局的頂頭上司，也就是它的上級機關經濟部表示不服的意思。專利申請人在收到智慧財產局的「再審查審定書」後 30 天內，可以用書面的方式，向經濟部提出訴願。經濟部設有一個「訴願審議委員會」，裡面除了經濟部的公務員外，還有

專業的學者、專家,他們會審查訴願的書面理由是否有道理。如果認為有道理,一般的情況就會撤銷智慧財產局原來的決定,要求智慧財產局重新考慮。在訴願程序中,專利申請人可以嘗試要求直接向訴願審議委員會用口頭方式陳述意見,或與智慧財產局的審查人員辯論。對於比較複雜或爭議較多的案子,經濟部有時會准許這種要求;不過在通常的情況,經濟部訴願審議委員會原則上只看當事人提出的書面內容來作判斷。

萬一經濟部覺得訴願沒有道理,而駁回專利申請人的訴願,專利申請人也不用灰心,還可以在 2 個月內向智慧財產法院提出行政訴訟。行政訴訟屬於司法體系,與訴願屬於行政機關體系不同,智慧財產法院的法官會用「開庭」的方式,讓專利申請人和智慧財產局的審查人員陳述己見,進行言詞辯論。法官也可能會徵詢專業機關或專家的意見,調查相關的證據,再作成判決。因為法官大多都是文科的背景,少有理工的訓練,所以智慧財產法院另外還有「技術審查官」,他們會協助法官研究案情,釐清技術上的問題。智慧財產法院的法官如果認為專利申請人的主張有道理,也會撤銷智慧財產局原來的決定,要求智慧財產局重新審查,甚至也常見法院要求智慧財產局應直接決定「准予專利」。倘若智慧財產法院還是覺得專利申請人的說法沒有道理,而駁回他的行政訴訟,專利申請人還可以向最高行政法院提出上訴。

總之,塑膠工廠老闆的「可彎曲吸管」發明,不會因為智慧財產局一次的決定就沒有翻身機會,他還有很多管道可以爭取獲得「准予專利」的可能性。

9 專利權人保護自己的武功招式有哪些？

簡秀如

專利權人可以獨占其發明，其他任何人如果沒有得到其同意，都不可以擅自實施該發明。例如，某高中生發明「太陽能動力模型車」，參加全國科展獲獎，在父母老師的鼓勵下申請專利獲准，取得專利權。往後，他人即不可以在未徵詢其同意的情況下，自己生產、製造該專利權範圍內的「太陽能動力模型車」，更不可以兜售或販賣該「太陽能動力模型車」。 如果有消費者從市場上買到不是專利權人同意生產的模型車，也不可以使用，否則仍會構成侵害專利權。另外，假設有人看到此發明認為有利可圖，而到大陸設廠生產相同的模型車，其他人也不可以把它進口到臺灣來販賣或使用。因為不論製造、為販賣之要約、販賣、使用或進口專利產品等行為，專利權人依法都可以排除他人為之。

當專利權人發現有人在從事上面提到的這些行為，比如說在夜市裡面販賣跟其專利發明相同的「太陽能動力模型車」，而涉及侵害其專利權時，可運用下列法律賦予的各種「招式」，來阻止這些行為或獲得賠償。

一、發信警告侵權人

因為專利權人可以獨占其專利發明，任何人都不能在沒有經過其同意之下，就製造、販賣、使用或是進口與其發明相同的產品。所以，專利權人可以請律師評估是否能寫一封警告函，發函寄給侵害專利的人，告知他有涉及侵權事實，請他不要再繼續從事此種違法行為，亦可請求賠償，或要求侵權人洽談專利授權，支付適當的權利金。

二、請法院命令侵權人暫時停止侵害行為

除了以上述發警告函的方式，嘗試和平解決問題外，專利權人也可以透過法院來協助處理糾紛。專利權人可請求法院對侵權人先暫時發一個「假處分」命令，不准侵權人繼續從事侵權行為，如禁止侵權

人繼續製造、販賣、使用或進口前述的「太陽能動力模型車」。不過，要採取這個行動之前，專利權人最好先設法從市面上購買實際的模型車樣品來拆解分析，再委請一位大學教授或專業機構的學者或專家，確認該模型車樣品是不是確實落入專利權範圍。當專利權人在向法院請求核發假處分命令時，若能同時提出前述分析資料，將可以證明自己的主張，提高說服法官的機會。

　　法院在收到專利權人的請求和相關的資料後，通常會通知專利權人以及侵權人到法院說明，或者要求雙方當事人用書面方式補充資料，以解答法院的疑問。法院可能需花費兩、三個月的時間，才能作成最後決定。如果法院認為專利權人的主張有理由，因而依據其請求核發假處分，由於其命令是法院以較快速且較為概略的審查而作成的決定，並沒有像一般訴訟程序般詳盡調查各種問題，且只具有暫時性的效果，為避免此種「暫時性的命令」造成侵權人的損失，法院通常會要求專利權人先提存一筆金錢作為「擔保金」，才可以請求法院執行其命令。

三、向法院提起訴訟

　　如前所述，請求法院核發「假處分」命令只是一個暫時的作法，要終局的釐清及解決問題，仍然必須透過一般的訴訟程序才能達成效果。專利權人可將前面提到的分析資料，還有整個案件的背景和經過等，整理成書狀，向法院提起訴訟，讓法院做最後的判斷。在這個訴訟中，專利權人可以請法院命令侵權人不得再製造或販賣落入其專利權範圍的產品（例如前述的「太陽能動力模型車」），也可要求法院命令侵權人以金錢賠償專利權人所受的損害。計算賠償金額的方法，可以是專利權人自己獲利減少的程度，或者是侵權人販賣「太陽能動力模型車」所獲得之利潤。與前述只是請求法院核發「暫時性」的假處分命令不同，在前面的狀況，法院只會概略審查一下雙方的主張；而在提起訴訟的情況，由於法院必須仔細地調查，故通常必須經過較長的時間（可能需數個月、1 年甚至 1 年以上）才會作成判決。

10 抄襲者要付出什麼代價？

黃章典

　　有權利就有救濟。專利權如果受到侵害，專利權人可以透過法律途徑尋求救濟。我國專利法過去對抄襲技術者課以刑罰制裁，專利權人遇專利侵權事件，通常都會以刑事訴訟作為權利保護的手段。但以國家刑罰公權力介入私人間的專利權糾紛，在世界各國立法例上較為罕見；且以刑事手段制裁侵權者，並非世界貿易組織 (WTO) 會員國的義務。因此，我國專利法在 2003 年全面除罪化，此後之專利權侵權糾紛，皆回歸民事訴訟解決紛爭。

　　專利權受到侵害，權利人在法律上可以請求損害賠償，並得請求排除侵害。當權利有受到侵害的顧慮或危險時，可以請求防止侵害。「損害賠償請求權」、「排除侵害請求權」以及「侵害防止請求權」三者為專利權人法律救濟的三大支柱。

　　專利權人對侵權者可以請求就其實施專利通常可獲得的利益，減去受害後實施同一專利權所得利益，以其減少的差額為受損害額，此稱為「差額說」。專利權人也可選擇以侵權人因侵害行為所得利益，作為損害賠償計算的基礎，此稱為「不法利益說」。專利權人如因侵權行為，導致聲譽減損，另可請求損害賠償。侵權行為如果是故意，法院可依侵害情節，酌定不超過損害額 3 倍的賠償金額。

　　專利權人為確保損害賠償請求判決內容的實現，對於金錢請求，可以在判決為確定之前，先以假扣押（註：「假」是暫時的意思）程序查封侵權行為人的財產。假扣押查封的標的物，可以是銀行存款、土地、廠房、機器設備，甚至是侵權行為人的應收帳款等。另外，專利權人對於侵害專利權的物品或從事侵害行為之原料或器具，得請求銷燬或為其他必要處置。用作侵害專利權行為的物品，或由侵權行為所產生的物品，專利權人也可要求假扣押，於判決賠償後，充作賠償金的全部或一部。

　　專利權人必要時可向法院聲請「定暫時狀態」的處分，可不待判決確定，命侵權行為人停止製造、銷售、進口等侵權行為，以及時保障權利。專利權人獲得勝訴判決後，可以向法院聲請裁定由侵權行為人負擔費用將判決書全部或一部登報。

　　我國專利侵權訴訟在司法實務曾出現過新臺幣 20 億元的判決，侵權者因侵權得利，但可能要付出高額的損害賠償代價。

11 要告訴別人我有專利嗎？

黃章典

發明專利申請案經智慧財產局審查認無不予專利之情事者，應予專利，並應將申請專利範圍及圖式公告。經公告之專利案，除非有依法應保密的情形，任何人均得申請閱覽、抄錄、攝影，或影印審定書、說明書、圖式及全部檔案資料。發明專利申請案，自公告之日起給予發明專利權。換言之，專利遊戲規則裡，是專利申請權人以發明技術內容的公開作為條件，交換政府准予壟斷排他的專利權利。專利技術在專利權期限屆滿、因權利人拋棄，或因故未繳交專利年費等情事，都可能導致經公告的專利技術變成公共財產。

專利既然都經過公告，專利權人還需要告知他人專利存在的事實嗎？專利經公告公諸於世，任何人都能閱覽僅是假設，實際上並非任何人都懂得如何利用專利公告。對專利權人而言，在專利物品或包裝上為「專利標示」，除作為宣傳兼具警告侵權效果外，最大的作用莫過於昭告天下取得專利權之事實。專利標示在形式上具有昭告社會大眾專利權存在的作用，為確保專利標示正確性，各國亦多設有虛偽標示禁止規定。

專利標示規定在我國雖有不同立法的演變，但早在 1976 年最高法院判決就認為，專利權人未附加標記，導致他人不知為專利物品而侵害權利者，不得請求加害人賠償。如果他人知為專利物品而侵害專利權，縱然專利權人未加標記，仍得請求加害人賠償。

專利標示制度並非專利權人的強制義務。專利權的本質為排他權，專利權人不見得會將權利內容商業化，如果專利權人未實施專利技術，此時根本無專利產品可言，既無產品，如何對產品為專利標示？另一方面，方法專利抽象存在，方法專利權人亦無從為專利標示。專利物品如甚為微小，性質上無法或難以標示，此時應可在物品包裝上為專利標示。專利權人是否為合理的專利標示，應可藉由專利物品之本質

是否適於直接標示於該物品上，以及當專利標示於包裝上，是否符合商業慣例來加以判斷。

專利權人如未為專利標示，當專利侵害發生時，專利權人得對侵權者發出侵害通知，如侵權行為仍然繼續，專利權人得請求後續侵權行為的損害賠償。專利權人亦可以起訴代替發出警告侵權的通知，如侵權行為仍然繼續，專利權人得請求起訴後繼續侵權的損害賠償。如此看來，專利標示制度應該是鼓勵專利權人以專利標示降低證明侵權人的故意或過失，以及請求損害賠償的障礙，而不是法律加在專利權人的強制義務。

如果專利權人將專利授權他人，最好在專利授權合約中規定被授權人有為專利標示的義務。在專利實務上，專利被授權人未為專利標示，日後專利權人對侵權行為人請求損害賠償，必須承擔被授權人未為專利標示所可能產生的不利益。

未來專利法有意將專利標示規定刪除，但有關專利標示的爭議恐怕不會因此劃上句點。

12　警告函可以當成賀卡到處寄發嗎？

黃章典

　　專利權人為行使排他權利，或為日後訴訟預作準備，常常在發現有侵權情事，或有疑似侵權情事時，以寄發警告函的方式，通知侵權行為人或侵權行為人的交易對象，有關專利存在的事實以及發生侵權的狀況，要求受信者尊重專利權，並停止侵權行為，甚至採取其他必要的措施，以遏止侵權的發生，或避免專利權人的損害繼續擴大。寄發警告函原本是專利權人保護權利的手段之一，但此手段也可能會因為專利權人想要恫嚇競爭對手，或干擾市場的交易秩序而遭到濫用。

　　警告函可以當成賀卡一樣到處寄發嗎？行政院公平交易委員會為了確保事業公平競爭，維護交易秩序，有效處理事業濫用專利權，不當對外發布競爭對手侵害其專利權之警告函，造成不公平競爭，訂定了「行政院公平交易委員會對於事業發侵害著作權、商標權或專利權警告函案件之處理原則」（以下簡稱處理原則）。顧名思義，處理原則所規範的警告函寄發行為，並不限於專利權，同時亦包括了著作權、商標權等。

　　依照公平會的處理原則，事業發警告函行為，係指事業除依法律程序主張權利或排除侵害外，對自己或競爭對手的交易相對人或潛在交易相對人，散布並指明競爭對手侵害專利權。換言之，專利權人寄發警告函的對象不是競爭對手，而是競爭對手的客戶或潛在客戶，並在警告函中指明競爭對手涉及專利侵權行為時，就要受到規範。

　　「警告函」的意義必需廣義理解，形式上以「敬告函」、「律師函」、「公開信」、「廣告啟事」或「其他足使其自己或競爭對手交易相對人或潛在交易相對人知悉之書面」等都算是警告函，不能濫發。

　　原則上警告函的寄發必須在案件經法院一審判決認為專利權受侵害，或專利權人將可能侵害專利權之標的物送請專業機構鑑定，取得鑑定報告後，且發函前事先或同時通知可能侵害之製造商、進口商或代理商，請求排除侵害；或者在事先或同時履行對製造商、進口商或代理商通知程序後，在警告函中敘明專利權明確內容、範圍，及受侵害之具體事實，使受信者知悉侵害專利權的事實。

　　警告函內容如果以損害特定競爭對手為目的，促使競爭對手之交易相對人拒絕與該特定競爭對手交易或者轉而與自己交易，而有限制競爭或妨礙公平競爭之虞者，將受處罰。例如，專利權人甲未遵守公平會所發布的處理原則，而將警告函發給競爭對手乙的顧客丙（即乙的交易相對人），指稱丙從乙那邊所購入的貨物涉有專利侵害，甲發警告函的目的在使丙改變其採購決定，將交易對象由乙變成甲，甲的這種行為即會受到處罰。

　　警告函內容如果對商品或服務，有虛偽不實或引人錯誤之陳述；或明知未具有專利權而發函；或是信函中誇示、擴張專利權範圍；抑或以不實陳述，影射其競爭對手或泛指市場上其他競爭者非法侵害專利權；或有其他欺罔或顯失公平之陳述，這些情形都會違反公平會的處理原則。

　　專利權人為保護自身權益，對侵權行為人寄發警告函看似簡單，但在公平會維持公平競爭的處理原則把關下，創設了許多專利法所無的限制。專利權人千萬別把警告函當成賀卡任意寄發，以免惹來不公平競爭的糾紛。

13 專利可以出租嗎？

黃章典

　　專利權之本質為排他權，除非法律另有規定，否則專利權人沒有同意他人使用專利技術內容的義務。如同土地、資金、人力一樣，專利技術也是生產流程的要素之一，專利技術必須與其他生產要素相結合，以實現其商業價值，「授權」於是成為專利與其他生產要素整合的重要途徑。

　　專利授權的觀念宛如房東出租房屋予房客，房客享有使用房屋之便，以租金作為報酬；專利授權則是由被授權人依約定支付「權利金」給專利權人。從權利金的收益角度來看，專利授權可以提升創造發明的動機。

　　除了收取權利金創造收益的理由外，專利權人為何願意進行專利授權？如果被授權者同時為專利權人的競爭廠商，權利金的支付將提高該競爭者之經營成本，有利於專利權人保有競爭優勢。成功的專利授權可回收研發成本，並藉由與被授權人的商業夥伴關係一同分擔事業風險。對專利權人而言，一項新技術的推出可能創造出市場需求，擴張市場占有率。專利權人對新技術、新產品是否能被市場接受沒有把握時，亦可透過專利授權，讓被授權人進入新市場承擔風險。專利授權如同時授予多數被授權人，亦可藉由活絡的競爭關係刺激市場需求。成功的專利授權可以為專利權人建立信譽，樹立在產業界的知名度及權威感，有助競爭力提升。專利授權作為技術資本，可當作是對合資或結盟企業的出資貢獻、企業購併之交易條件，或與被授權人建立初步商業關係的橋樑。專利授權條件如有交互授權或回饋授權機制，則專利權人亦可藉此取得必要或改良技術。專利訴訟或糾紛事件中，專利授權往往是紛爭解決的選項之一。

　　但專利授權對專利權人並非毫無負面影響。一旦專利授權成案，專利權人同意被授權人合法競爭，無異製造出市場競爭者，此於專利權人低估授權技術價值及潛力而低收權利金時影響尤甚。授權契約內容如對專利權人設有種種義務，亦將對專利權人造成法律上拘束。專利授權雖會為專利權人帶來經濟上的收益，但亦相對增加授權管理的成本，技術居於領先的跨國企業常以專責部門處理專利授權事宜，甚或成立獨立公司專責處理授權；伴隨著授權而來的權利金稽核，更是耗時耗力的管理工作。如果專利授權包含技術移轉，那麼機密資訊難以控管的本質，及一旦洩密就難以回復的顧慮，亦係授權人不願同意授權的考量點。

　　專利權人的專利授權，如果只此一家別無分號，專利授權性質上就是「專屬授權」。如果專利授權容許多數被授權人同時存在彼此競爭，性質上稱為「非專屬授權」。專利專屬授權與非專屬授權最重要的區別在於，當發生專利侵權情事時，專屬被授權人依法亦享有損害賠償請求權及排除侵害請求權等權利，可向法院請求救濟，地位與專利權人相同。

　　專利授權權利金的計算，在實務上可以有多種安排，像是固定金額（例如每年新臺幣 1,000 萬元），或依授權產品產量計算之從量計算方法（例如每生產 1 公噸繳 1 萬元或每生產 1 萬臺付費若干），及依銷售授權產品的價格計算之從價計算方法（例如依零售價格抽成 3％）等。又視授權專利技術之價值及產業對該專利技術的需求，部分授權人除一般權利金條款外，會另外要求「簽約費」作為授權契約之前金。

　　在決定權利金計算基礎時，通常考量被授權人使用授權技術與權利金支付間的合理關聯性，以及所決定之計算基礎在會計稽核實務上是否可行，並應盡可能避免模糊及不確定性，以免日後發生爭議。

14 專利有強迫徵收這回事嗎？

黃章典

　　雖然法律賦予專利權人專屬排他權利，專利權人並可於法律規定的範圍內自由收益及處分專利權，但專利法在追求周延保護權利人私益的同時，亦須兼顧公益保護的利益平衡。專利法設計的「強制授權」，在我國稱為「特許實施」或稱「非自願性授權」，對權利人權益影響最大。

　　在我國專利強制授權情事主要可分為四大類： 1.為因應國家緊急情況或增進公益之非營利使用。 2.申請人曾以合理之商業條件在相當期間內仍不能協議授權。3.專利權人有限制競爭或不公平競爭之情事，經法院判決或行政院公平交易委員會處分確定者。其中就有關半導體技術專利之強制授權，則依與貿易有關之智慧財產權協定 (TRIPS)，限定於增進公益之非營利使用或有不公平競爭之情事，方能提出申請。 4.調節再發明人與原發明人專利權益，以及調節製造方法專利權人及物品專利權人權益之特許實施。

　　2004 年 1 月 WHO 公布第一例越南之 A 型禽流感 (H5N1) 病毒感染例，當時包括越南、泰國、柬埔寨及印尼等國家共發現 118 件確定病例，其中 61 例死亡。WHO 對此曾多次發出警訊，表示這是自 1968 年以來最接近流感大流行爆發時刻，並建議個別國家應評估未來大流行時期，抗病毒藥劑能否適當供應。WHO 於 2005 年所公布之「流感大流行準備計畫檢查表」亦建議各國應要儲備抗病毒藥劑。我國為候鳥遷徙必經路徑，加上與東南亞地區之旅遊通商往來密切，而東南亞地區在當時為 H5N1 病毒之動物與人類感染疫區，因此 H5N1 病毒侵入臺灣之機會大增。禽流感為我國公告之法定傳染病，如大流行將對我國之醫療、社會、經濟體系帶來極為嚴重後果。假如疾病侵襲率為 25％，恐將造成我國 3 百餘萬人就醫，1 萬 3 千人死亡，後果十分嚴重。

　　依 WHO 所建議各國應隨時備有該國人口 10％左右之存藥計算，
在唯一具有療效的克流感膠囊劑之供應量嚴重不及防疫安全存量的情
況下，我國抗病毒藥劑存量顯然不足。雖然我國衛生署自 2003 年 12 月
起即著手進行抗病毒藥劑之儲備，但在世界各國皆大幅提升藥劑存量
的情況下，羅氏大藥廠所供應之抗病毒藥劑嚴重短缺，如不立即生產
抗病毒藥劑，一旦禽流感來襲，將嚴重威脅國民之生命安全。尤其，
我國非 WHO 會員國，獨有之外交困境將增加我國接受國際組織救援
之困難度，亦提升我國自製抗病毒藥劑之急迫性與必要性。

　　有鑑於此，行政院衛生署遂於 2005 年向智慧財產局提出克流感疫
苗專利技術強制授權申請。智慧財產局於 2005 年 12 月作成准予強制
授權之審定書，成為全世界強制授權克流感疫苗專利技術之首例。

　　不過克流感疫苗專利強制授權案一出，引發不少業界之議論，支
持與反對聲浪皆有。有認為強制授權是以政府的力量介入干預市場，
運用時應該非常慎重。以美國為例，歷史上發生過的藥物強制授權申
請案都遭到政府駁回，其中關鍵在於美國政府不願輕易介入自由市場
機制，最終仍與廠商達成協議，以合理價格讓疫苗迅速進入市場，解
決燃眉之急。強制授權宛如雙面刃，應視為備而不用的極端措施。

15 地盤與保護費

黃章典

　　專利權是排除權,可排除違法的製造、販賣、使用及進口專利物品的行為。專利申請人依法向國家申請專利,經過法定程序審查後國家給予專利權利,專利權人才依法享有法定的壟斷及排他權利。這個觀念有如國家依法劃出「地盤」給專利權人,供專利權人在地盤內合法享受權利及行使排他權利。

　　專利地盤既然是國家劃地為界授與專利權人,專利權人占用該地盤絕非免費。專利權人為維護專利權有效存在所繳納的費用稱為「專利年費」,如果以「保護費」稱之並不為過。

　　申請專利之發明,經國家核准審定後,申請人應於審定書送達後3個月內,繳納證書費及第1年年費,國家才會頒發專利證書並公告專利經核准。

　　如申請權人未在規定期限內繳費,則不予公告,專利權自始不存在。這3個月的期限性質上算是「法定不變期間」,不可以申請展期,由此可見專利權之取得與專利年費按期繳納間的重要關連性。

　　以發明專利為例,發明專利權期限,自申請日起算20年屆滿。這意味著,如果專利權人想要享有20年的專利權利,就必須依規定繳納20年的專利年費,否則就可能產生喪失權利的效果。

　　發明往往需投入時間、心血及資源方能完成。發明專利權人在享有專利權之期間,如果不繳納專利年費,使專利權因此失效,有如地盤被充公由社會大眾所共享。這似乎是專利制度設計的遊戲規則,希望專利權人在經濟考量之下,及早放棄專屬權利,讓專利技術由全民共享。但是,如果專利權人一遲繳專利年費,就立即產生失權效果,對投注研發成本取得專利並有心維持專利有效性之專利權人恐有過苛。因此對於發明專利第2年以後的年費,未於期限內繳納者,得於期滿後6個月內補繳以為緩衝。只是,補繳年費的代價是按規定的年

費「加倍」繳納。為了鼓勵特定的專利權人,例如自然人、學校及中小企業等,還有一套專利年費「減免」辦法。

專利年費的繳納並無強制性,專利權人保有自主選擇是否繳納以維持專利權的自由。且繳費除了由專利權人自行繳納外,任何人均得代為繳納。主管機關智慧財產局年費通知函屬「為民服務」性質,目的在提醒專利權人按時繳費。專利權人為維護權利的有效性,必須自行依法按時繳納,智慧財產局沒有通知催繳的義務。由此可知,專利權的維護是需要付出代價的!

四、商　標

C

TS

TM

P

GP

1　外國品牌商品應申請中文商標嗎？

蔡瑞森

　　「以色列模帝樂 Mul-T-Lock」 的防盜鎖與 「以色列昶恩 Mul-T-Lock」的防盜鎖雖然均為「Mul-T-Lock」的防盜鎖，但卻是由不同的廠商來銷售，一般消費者很難知悉兩者間的差異。引進外國品牌商品，最常見的二種商標爭議型態，一是國內授權代理商與真品平行輸入業者間，有關商標使用之爭；另一則是外國品牌業者與國內授權代理商間有關中文商標註冊申請及商標權歸屬的問題。

　　國內業者自行引進外國品牌商品進入國內市場，為便於行銷，有時會先申請註冊或使用中文商標。如果是授權代理商要申請中文商標時，這個中文商標可能是授權代理商自己想的，有時則是與外國品牌業者共同決定的，或參考英文品牌名稱、設計。但是如果國內市場先前或之後另有業者進口該外國品牌商品，可能會使用相同或不同的中文商標，則何人可以合法使用該中文商標，或哪一個中文商標較能表徵這項商品，就會出現爭議。

　　業者擔心的問題是，消費者一旦已經習慣性認得先前的中文商標，其後不論是授權代理商或平行輸入業者要引進外國品牌商品，如果要使用先前別人已申請註冊或使用的中文商標，不是要請求移轉該商標，就是要請求商標授權，否則會面臨侵權問題。再不然就是要為同一家外國品牌的同樣產品，另外申請註冊或使用另一個中文商標，作為兩種不同的來源（即經商標權人授權的代理商及自行平行輸入真品的一般貿易商）之區別方式。

　　最理想的狀態，是外商自己申請註冊中文商標，統一名稱，再授權給代理商使用。但當外商沒有申請中文商標，一個外國品牌，可能會出現多個中文近似商標，不同中文商標可能表彰相同或不同品牌的產品，消費者也搞不清楚哪一個才是真正的外國商品，權益無法獲得保障。

　　如果平行輸入業者所申請註冊或使用之中文商標，乃是從外文商標或品牌名稱翻譯，因為會構成「近似」效果，所以如果看得出來明顯是直接翻譯過來，並且能提出資料，證明該外文商標或品牌名稱很有名，依商標法規定，別人就不能任意申請註冊或使用。外國品牌即使不是著名商標，只要能證明搶先註冊中文商標之人知道該外國品牌或商標，亦有可能可以阻止他人申請註冊近似的中文商標。

　　另外一種類型，是外商與國內授權代理商之間的商標糾紛。中文商標如果是註冊登記在國內授權代理商名下，當代理關係結束時，商標權的歸屬常常有爭議。

　　過去常見的情況，乃是國內授權代理商在外商同意或知悉的情況下，申請註冊擬使用的中文商標，因此商標權乃登記在國內業者名下。為防止中文商標權歸屬之爭議，有些外商會先訂定契約，約定代理關係結束時，中文商標需移轉給外商。如果國內代理商不依約移轉，此時就算外商拿合約去找商標主管機關智慧財產局也無濟於事，因為商標法沒有依合約關係得要求移轉商標權的相關規定，但是外商可以向法院提起民事訴訟要求代理商移轉商標權，等法院判決勝訴，再將確定的勝訴判決交給智慧財產局執行移轉商標權。

　　如果事前雙方沒有簽合約，中文商標權就不能歸屬外商，外商等於被迫放棄，必須重新申請一個中文商標，也形同將先前在中文商標經營的成果拱手讓出，因此外商應更加重視申請中文商標的重要性。

2　未經註冊的商標要如何保護？

蔡瑞森

　　「104 人力銀行」未註冊成商標前能受到保護嗎？商標法對於商標的保護係採註冊保護制度，必須依法申請註冊始能取得商標權獲得保護，並享有排除他人使用的權利。而且，商標權之取得，係採先申請先註冊原則，商標註冊申請之審查，乃依申請的先後順序，因此，原則上，於同一或類似商品，若以相同或近似的商標提出申請者，應由先提出申請者取得註冊。至於未經註冊之商標如果想要獲得保護，原則上必需是著名商標，才能依商標法或公平交易法加以保護。

　　商標經商標權人廣泛宣傳使用，若在市場上已具有相當信譽，且為相關業者或消費者所普遍認知時，堪稱為著名商標，即所謂的知名品牌。著名商標的保護，並不以在我國註冊、申請註冊或已使用為前提要件，其保護範圍較一般註冊商標為廣，而且不以使用於相同或類似商品為限。

　　商標是否著名，應以國內消費者的認知為準，而國內消費者得普遍認知該商標的存在，通常係因其在國內廣泛使用的結果，因此，欲主張商標為著名者，原則上，應檢送該商標於國內使用的相關證據加以證明。惟商標縱使未在我國使用或在我國實際使用情形並不廣泛，但因有客觀證據顯示，該商標於國外廣泛使用所建立的知名度也可以讓我國的消費者接觸得到或知曉者，仍可認定該商標為著名。而商標之知名度是否已為我國消費者所知悉，可考量該商標使用的地域範圍是否與我國有密切關係，例如經貿、旅遊是否往來頻繁，或文化、語言是否相近等因素加以綜合判斷。另該商標之商品藉由在我國銷售之報章雜誌廣泛報導或該商標在中文網路上被廣泛、頻繁地討論等，亦可作為該商標之知名度是否已到達我國的參考因素。

　　至於主張自己的商標已達著名程度，而廣為相關事業或消費者所普遍認知者，可提出相關證據資料加以證明，其中包括商品或服務銷售發票、行銷單據、進出口單據及其銷售數額統計的明細等資料；國內外的報章雜誌或電視等大眾媒體廣告資料；商品或服務銷售據點及其銷售管道、場所的配置情形；商標在市場上的評價、鑑價、銷售額排名、廣告額排名或其營業狀況等資料；商標創用時間及其持續使用等資料；商標在國內外註冊的文件，包括其關係企業所為商標註冊的資料；具公信力機構出具的相關證明或市場調查報告等資料；以及行政或司法機關所為相關認定的文件等相關資料。

　　未經註冊的著名商標在特定條件下可以排除他人註冊相同或近似商標於不同類之商品或服務，也可排除他人將該著名商標作為公司名稱、商號、網域名稱或其他表彰營業主體或來源之標識。所以，只要商標被認定為是著名商標，就能夠得到較大的保護，但是若能取得商標註冊，則可以獲得更直接的保障，而不必經由著名商標的證明過程。

3 如何正確標示商標權？

蔡瑞森

"TM" 或 "SM" 表示為註冊商標嗎？"®" 又代表何意？商標應如何註記於商品才能讓人得知該商標已獲准註冊？

市場上常有廠商會參考美國相關法律規範及業界通常作法，在商品或廣告中所使用的商標之右上角或其他適當位置，以商標標記 "®" 符號表示該商標已註冊，或以 "TM"（商標）、"SM"（服務標章）表示作為商標使用。在著作權方面，則會在著作物上，以 "©"（錄音著作以外之其他著作）、"℗"（錄音著作）、"Copyright" 或 "Copr."，加上首次發行的年分及著作權人姓名，表明著作權。至於在專利方面，則會於專利物品或包裝上直接標示專利證書號數，或標示 "Patent"，加上專利號數，以表明有專利權。然而，如何正確標示商標標記，除可能影響商標權人權利之行使外，不當標示可能會涉及法律責任。

有關權利標記或標示對權利行使的影響，商標法規定被授權人如未依商標法規定標示商標授權，經智慧財產局依職權或依第三人申請通知限期改正，屆期不改正者，應廢止其授權登記。

商標法雖對於相關標示的定義或方式，以及虛偽標示的法律效果，欠缺明文規範，但行政院公平交易委員會針對具體個案，認定在商標註冊申請中或雖經核准審定，但尚未確定合法取得商標權前，於商品或廣告中的商標右上角加註 "®" 之符號，將構成商標之內容為虛偽不實及引人錯誤的表示，違反公平交易法的規定。

目前實務上比較具爭議性的問題，在於已在我國以外的國家或地區取得商標權保護，但在我國尚未取得，如果在物品或包裝上標示商標標記 "®" 或其他商標標記，並在我國銷售，是否會使我國消費者誤以為該商標已在我國取得商標權之保護，而被行政院公平交易委員會、法院或其他官方單位認定為虛偽不實或引人錯誤的表示，而違反相關

法令規範，因尚未有具體案件就此點進行討論，所以仍有待實務見解加以釐清。有鑑於此，正確標示商標權即相當重要。

　　若干業者為避免可能的爭議，會在物品或包裝上載明獲准商標註冊之國家或地區，如此作法，即使在我國未獲准商標註冊，雖有 "®" 的商標標記，應該可以降低被認定為虛偽不實或引人錯誤的表示之風險。

4 立體仿冒玩偶構成商標侵權嗎？

蔡瑞森

　　販賣「Hello Kitty」立體仿冒玩偶會構成商標侵權嗎？法院的見解相當不一致。

　　未經授權以他人註冊之平面商標圖樣，製成立體造型之同一或類似商品，是否屬於商標法規範下之商標使用而構成商標侵害，乃是實務上相當具爭議性的問題。法院早年之多數見解乃認為只要足以使一般商品購買人認識其為表彰商品之標識，並得藉以與他人之商品相區別，不論使用之型態為平面或立體，均為商標使用。

　　但其後相當多法院則不認為立體化造型之商標使用違反舊商標法。士林地方法院 91 年度易字第 378 號刑事判決及臺灣高等法院 91 年度上易字第 1083 號刑事判決均明確指出，舊商標法所定義之商標，僅限於文字、圖形、記號、顏色組合或其聯合式，因此，商標保護之型態僅及於二度空間平面之圖樣，並未包含立體之外觀或造型，從而，商標之使用亦僅限於平面之使用，不包括商標立體化之情形。

　　不過，最高法院 92 年度臺上字第 1879 號民事裁定則維持臺灣高等法院高雄分院 89 年度重上字第 95 號民事判決之見解，認為依舊商標法規定申請作為商標者，固僅限於文字、圖形、記號、顏色組合或其聯合式之平面圖樣，不包括「立體商標」，惟其乃為避免商標圖樣之「形狀、位置、排列、顏色」改變，並非謂將平面商標使用於立體，即不受商標法之保護。因此，舊商標法有關「近似他人商標圖樣」規定之侵害商標專用權，當然包括侵害「商標商品化」或「立體化商品」之情形在內，以保障商標專用權及消費者利益。

　　2003 年 11 月 28 日施行之新修正商標法雖已將三度空間之立體形狀列為商標的一種類型加以保護，但仍需依法取得立體商標之註冊始得受保護。智慧財產局 2004 年 4 月 28 日公告之「混淆誤認之虞」審查基準的第 5.2.9 點有關「商品或服務是否類似暨其類似之程度」規

範要點提及「立體商標與平面商標之間也可能構成近似」，似與最高法院 92 年度臺上字第 1879 號民事裁定意旨採取相同立場。儘管如此，如僅取得平面商標之註冊，得否制止立體造型之商標使用，以及如果取得註冊的是立體商標，則以平面方式來使用商標，是否構成商標侵害，即使在新修正商標法施行後，仍是相當具有爭議的問題，有待實務見解加以釐清。因此，為有效保護商標，避免爭議，應同時申請平面及立體商標。

5 臺灣網域名稱爭議如何速戰速決？

蔡瑞森

　　"http://www.armani.com.tw" 及 "http://www.armani.tw" 是世界知名品牌 GIORGIO ARMANI 的臺灣官方網站嗎？當你瀏覽該網站時，絲毫不會產生任何的疑問。不過，該網站之網域名稱 (Domain Name) "armani.com.tw" 及 "armani.tw" 先前被他人搶先註冊，GIORGIO ARMANI 投入相當多的心力才得以從搶註者手中取回 "armani.com.tw" 及 "armani.tw" 網域名稱之註冊及使用權。

　　隨著消費者對網路依賴度越來越高，企業對維護網域名稱的重視度也相對提升，特別是擁有著名商標的業者，為維護商標不被淡化或混淆，針對網域名稱搶註 (Cybersquatting) 之救濟，更是不遺餘力。再者，企業對商標或網域名稱維護工作，必須實體與虛擬通路全面性的投入，才能避免消費者誤認相似商標或網站為關係企業所經營，造成混淆；又如具有惡意的網路釣魚，利用相似的網址及網站內頁，騙取消費者個人資料；或者有時候，消費者因連結到不相干的公司，造成原公司品牌被淡化，這些情況都會造成原企業金錢及商譽的損失。

　　一般來說，遇到網域名稱爭議時的解決辦法，可以依商標法或公平交易法向法院提起民事訴訟，或依公平交易法向行政院公平交易委員會提出檢舉，但過程較為冗長。因此，如果是國家代碼 (ccTLD) 為 "tw" 的網域名稱爭議時，可以向台灣網路資訊中心 (Taiwan Network Information Center, TWNIC) 所指定之網域名稱爭議處理機構（資訊工業策進會科技法律中心或台北律師公會）提出申訴，大約在 60 天內就可結案，相對於法院訴訟或行政院公平交易委員會之申訴管道，較有效率。

　　近年來由網域名稱爭議處理機構所處理的網域名稱爭議案件有日漸增加趨勢，一部分原因是企業與網域名稱註冊人交涉後價碼談不攏；另一方面是因企業無法取得網域名稱註冊人之相關資料，形成當事人不明確，而較難向法院提起訴訟或向行政院公平交易委員會提出申訴，

就會改採爭議處理程序。

　　資訊工業策進會科技法律中心或台北律師公會處理網域名稱爭議，是依據台灣網路資訊中心訂定的「網域名稱爭議處理辦法」，處理網域為 ".tw" 的爭議案件，由 1 到 3 人組成專家小組，依照當事人雙方，也就是註冊人及申訴人所提出的事實，判斷決定網域名稱該移轉、撤銷或保留，網域名稱註冊人如果對決定結果不服，可於 10 天內向法院提出民事訴訟而為救濟。

　　網域名稱爭議處理程序不但具有時效，申訴成功短時間就可將網域名稱移轉回來或撤銷，同時，爭議處理規費也相對便宜，爭議申訴程序若由 1 名專家處理的費用為 4 萬元，若由 3 名專家處理的費用則為 8 萬元，申訴人負擔的費用不高，尤其比起註冊人動輒開口索價 80 萬元、100 萬元或更高數額始願返還，更是便宜許多，建議企業可善加利用。

6 海外參展如何被控仿冒？

蔡瑞森

　　臺灣企業為拓展海外貿易業務，除到國外直接拜訪潛在買主外，積極參加國外相關之貿易展覽會，亦是國內廠商接觸潛在客戶，以爭取來自各國客戶訂單的管道之一。但是國內許多廠商雖善於研發及推銷本身的商品，但出國參展前，對於攸關商品本身之智慧財產權的認知及保護等措施卻往往有所缺漏，而造成有些廠商至國外參展時，發生被競爭對手在海關或展覽會場以司法行動阻止該廠商參展；或在參展時發現本身商品被其他參展廠商仿冒，而無法及時採取適當之因應對策，甚至造成參展之人及商品皆被扣押的情形；抑或無法及時對參展之仿冒者採取行動。

　　由於對智慧財產權的保護，基本上仍採屬地主義，在甲國取得智慧財產權，如商標、專利、著作權等之保護，並不表示在乙國仍受到相同的保護。因此應有商品行銷到哪，智慧財產權的保護就到哪的觀念，才不會發生在國內明明已取得相關產品之專利及商標等的註冊，在國外參展卻被對手以侵害其專利、商標權或其他智慧財產權為由，而陷入被對手取締仿冒之窘境；或是明知對手的產品侵犯到自己產品的智慧財產權，但只能眼見仿冒品之猖獗，卻無法主張自己相關權利之情形。

　　以商標註冊為例，在臺灣申請至順利註冊至少約須 8 個月至 1 年半左右的時間，而其他許多主要國家甚至需要更久的時間。因此在進行商標之申請註冊時，除在臺灣提出申請外，在主要商標產品行銷國家及可能參展之國家，亦應在第一時間提出申請及保護。由於許多國內廠商往往寧可花大筆行銷廣告費用促銷商品，但礙於各項因素，對於在國外提出商標註冊申請之觀念淡薄，甚至認為等到將來該市場銷售量變大時，再去申請保護還不遲。因此，有許多國內廠商後來才發現自己的商標已被競爭對手惡意搶註，甚至發生廠商在國外之當地經銷商，為保護自身在該國銷售該商標商品不會侵害到他人商標，或保

障日後販賣此商標產品之權利，遂以自己或他人之名義在該國註冊該商標。等到廠商想與該經銷商結束合作關係，換成新的經銷商時，才發現商標已被前經銷商搶註，當地新經銷商反而被前經銷商控告商標侵權，商標產品因此無法在當地販售，在急於進入當地市場或避免對新經銷商違約的情況下，廠商只好想盡各種辦法以取回商標權利，但有時仍會發生花高價都無法取回商標權的困境。

在瞬息萬變之商業活動中，往往無法等到取得商標註冊，才開始使用相關商標。況且人類智慧及創意偶有雷同之處，因此在選擇商標時，宜先進行商標檢索，查明是否有相同或近似之商標已申請或註冊在先，以作為評估及選擇商標之依據。但是商標檢索只能降低而不能完全免除風險。為避免辛苦創造之心血結晶被他人搶註，還是應及早在第一時間提出商標註冊申請。

另外，廠商至海外參展，除事前檢視國內及各參展國智慧財產權法令之規定外，亦應注意是否有其他法令對智慧財產權亦有相關規定，例如我國貿易法即規範貨品之輸出入行為及有關事項，而貨品包括附屬其上之商標專用權、專利權、著作權及其他已立法保護之智慧財產權。因此，在向律師諮詢相關法令時，宜慎選律師，以提供較周全完整之意見。

另外，海外參展單位雖有些會有律師駐展服務，或組團參展單位在當地備有律師，提供相關法令之諮詢及服務，但遇到團員與團員間之侵權糾紛，或律師本身之客戶不巧即為侵權人或被侵權人，導致原先備詢律師於此時因利益衝突之故，而無法接案。因此廠商可自行或透過國內律師事務所介紹，事先準備並聯絡參展當地國之專業律師，以便廠商遇有需要時，能及時聯絡並代為處理相關法律事件。或建議組團參展單位宜在參展前先聯絡 2 個以上當地具有經驗的律師，以供廠商諮詢及代表廠商處理相關紛爭。

總之，在海外參展，應事先檢視本身參展商品在參展國是否已取得相關智慧財產權保護及備妥相關權利證明文件，遇有仿冒情事宜透過律師及時處理，以保障自身之權利。

7 瑕疵商品不能販賣嗎？

蔡瑞森

消費者對於市面上常見之「水貨」、「真品平行輸入」、「二手貨」、「公司倒店貨」、「結束代理，清倉大拍賣」、「原廠瑕疵品」、「零碼出清折扣」或「出口品瑕疵退貨大拍賣」，應特別小心，因為相當多商品其實是仿冒品，刻意假冒為不同輸入銷售管道的真品、有瑕疵之真品，或是消費者用過之舊品。但如果確實是原廠生產製造的瑕疵品，究竟是否可以自由買賣？

商標權人為維護其商譽，對於不符合商標權人品質管制要求之瑕疵品，除商標權人自行以較低價格流通市面外，商標權人通常會自行或委請特定廠商將瑕疵品銷燬，避免流入市面。然而，瑕疵品應銷燬但未銷燬，而流入市面之情況，時有所聞。販賣應銷燬但未銷燬之瑕疵品是否構成商標侵權，法院見解相當紛歧。

臺北地方法院 93 年度易字第 1667 號刑事判決認為，經商標權人之同意將商標使用於商品上，無論商標權人事後有無同意販賣該商品，該商品既然並非未經同意使用商標之侵權商品，即使該商品為瑕疵品，販賣該商品並非構成商標侵權，不違反商標法之未經授權使用商標罪或販賣未經授權使用商標之商品罪。

其他類似爭議，則是被授權商品在未經商標權人審核通過前即被賣出，此種情況是否超過商標授權範圍？或是雖未經審核，但商品規格及品質實際上均符合規格標準時，又該如何？最高法院 93 年度臺上字第 1751 號民事判決認為，授權契約中如果並無商品未經商標權人審核通過，即不得使用商標之約定，則既經授權使用商標，授權契約有關商品之式樣、規格或品質的約定，即非限制使用商標之要件。因此，如未經商標權人審核通過前，即將商品賣出，並未構成商標侵權，僅為是否違反商標授權契約的問題。

　　商標權人授權他人使用商標，為維護其商譽，通常期待被授權使用商標之商品品質應經特定之審核程序，或符合其品質管制要求，始同意商品流通市面，且通常會將其規格標準明載於商標授權契約。因此，如未經特定程序審核，或未符合規格標準，除經商標權人同意流入市面外，商標被授權人將未經審核通過之商品，或未符合規格標準之瑕疵品流入市面，無論是否為瑕疵品，似已超越商標授權範圍，應視為侵害商標權。不過，有鑑於目前法院在審理具體個案時，對於上述情形是否已超越授權範圍或構成商標侵權，其觀點仍相當紛歧，商標權人應格外注意商標授權契約之完整規範內容。

8　跨國性智慧財產權侵權品貿易模式應如何規範？

蔡瑞森

　　過去，臺灣曾一度被稱為「盜版王國」，若干商標、專利、著作權或其他智慧財產權侵權商品的生產製造地都在臺灣。今日，盜版業則建立起「臺灣接單，中國大陸或其他國家、地區製造，全球行銷」之全球貿易模式。我國現行商標法、專利法、著作權法或其他若干智慧財產權有關法令，雖然針對侵權品之生產製造或販賣均有明文規範，然而，針對生產製造地不在臺灣之跨國性智慧財產權侵權品貿易模式，是否得依我國相關法令加以規範，乃是實務上的重要爭議。

　　臺北地方法院 93 年度訴字第 1202 號刑事判決指出，本案被告與厄瓜多爾廠商以國際貿易方式，先由被告提出報價要約，雙方經議價後，約定買賣價格及標的物數量，之後買受人以電匯付款方式匯款至臺灣完成買賣，因此，被告係在臺灣成立販賣仿冒商標商品契約，自然受到我國商標法所規範，至於其後貨物由大陸地區運至厄瓜多爾，此乃交付運送的安排，並不影響買賣成立地於臺灣之認定。換言之，至少針對商標侵權品之買賣成立地在臺灣的貿易模式，依目前實務見解，應得依我國商標法規範該「販賣」行為。法院實務如果對專利、著作權或其他智慧財產權之類似侵權案件，也採取相同之見解，對於打擊跨國性智慧財產權侵權品貿易模式，至少針對「販賣」仿冒品的行為，足以產生極佳遏止的效果。

　　至於在中國大陸違反我國商標法、專利法、著作權法或其他智慧財產權相關法令，是否得依我國智慧財產權法相關法令加以規範，則更具爭議性。採否定見解者認為中國大陸目前雖仍屬我國領土，然而事實上，中國大陸有其法律體系，我國主權亦暫不及於中國大陸，因此，經我國智慧財產法律所賦予之智慧財產權，其效力應無法及於中國大陸。採肯定見解者則認為中國大陸既然為我國領土，現雖因事實上之障礙為我國主權所不及，但在中國大陸地區犯罪，仍應受我國法律之處罰。

　　最高法院 89 年度臺非字第 94 號刑事判決認為，依據憲法、憲法增修條文以及臺灣地區與大陸地區人民關係條例等相關規定，均明示中國大陸仍為我國領域，我國並未放棄對中國大陸的主權。因此，中國大陸現在雖然因事實上之障礙，為我國主權所不及，但在中國大陸犯罪，仍應受我國法律之處罰。法務部 92 年 7 月 16 日法檢字第 0920803113 號函，亦採相同見解，針對在中國大陸地區重製受我國著作權法保護之著作，並僅在中國大陸地區銷售的案件，認為仍應受我國著作權法之處罰。

　　依最高法院或法務部的見解，將來在中國大陸侵害商標權、專利權、著作權或其他智慧財產權，能否在我國以我國商標法、專利法、著作權或其他智慧財產權的相關規範予以追訴，相當值得觀察。惟為避免目前之爭議，應可考量同時在中國大陸及臺灣申請商標，以加強商標保護及有效遏止仿冒。

9　在網路上販賣仿冒品應由何國法院管轄？

蔡瑞森

　　在美國拍賣網站販賣侵害臺灣商標權之商品，可以在臺灣的法院追訴處罰嗎？

　　隨著電子商務迅速發展與網際網路活動日趨熱絡，不僅網域名稱相關爭議之重要性日漸突顯，透過網際網路或拍賣網站作為犯罪手段之跨國界或跨地區的特性，衍生出有無司法管轄權的爭議，而且由於現行法律並未具體規範此等類型的犯罪模式，如何依據現行法律論罪科刑，亦非易事。再者，拍賣網站管理者之責任，亦相當有爭議。

　　臺北地方法院 92 年度易字第 1021 號刑事判決，就網際網路犯罪案件之司法管轄權問題指出，刑事案件由犯罪地或被告之住所、居所或所在地之法院管轄，刑事訴訟法定有明文，而所謂犯罪地，參照刑法「犯罪之行為或結果，有一在中華民國領域內者，為在中華民國領域內犯罪」之規定，解釋上自應包括行為地與結果地兩者而言。該案被告之住所雖位於臺中市，其上傳檔案至他人網站及刪除網站內檔案之行為，亦係於臺中市連線上網所為，惟他人網站之伺服器係設於臺北市，則被告上傳檔案或刪除檔案之損害結果，即發生於該部伺服器內，是其犯罪之結果發生地為臺北市，依據最高法院 72 年度台上字第 5894 號判例意旨，臺北地方法院就本件犯罪自有管轄權。

　　有關網際網路犯罪管轄權問題之釐清與解決的思考方向，尤以臺灣高等法院 91 年度上易字第 2338 號刑事判決之闡述最為詳盡。法院於判決理由中表示，犯罪由犯罪地或被告之住所、居所或所在地之法院管轄，刑事訴訟法定有明文；而所謂犯罪地，參照刑法之規定及最高法院 72 年臺上字第 5894 號判例要旨，解釋上固應包括行為地與結果地兩者而言，然有關網路犯罪管轄權之問題，似應有別於傳統犯罪地之認定，蓋網際網路不同於人類過去發展之各種網路系統（包括道路、語言、有線、無線傳播），藉由電腦超越國界快速聯繫的網路系統，

一方面壓縮相隔各處之人或機關的聯絡距離，另一方面擴大人類生存領域，產生新穎的虛擬空間，是故網路犯罪之管轄權問題，即生爭議。

　　法院並進一步表示，網路犯罪之管轄權問題，在學說上有採廣義說、狹義說、折衷說及專設網路管轄法院等四說。若採廣義說，則單純在網路上設置網頁，提供資訊或廣告，只要在某地藉由電腦連繫該網頁，該地法院即取得管轄權，如此幾乎世界各地均有可能成為犯罪地，此已涉及各國司法審判權的問題，且對當事人及法院均有不便。若採狹義之管轄說，強調行為人之住居所或網頁主機設置的位置等傳統管轄，又似過於僵化。又我國尚未採專設網路管轄法院之立法，因此，依目前各國網路犯罪管轄權的通例，似宜採折衷之見解，亦即在尊重刑事訴訟法管轄權之傳統相關認定，避免當事人及法院之困擾外，尚應斟酌其他具體事件，如設置網頁、電子郵件主機所在地、傳輸資料主機放置地及其他有無實際交易地等相關情狀認定。

10 商標權人可以向仿冒者請求民事賠償嗎？

劉騰遠

　　某知名的運動商品品牌，因其所生產銷售的商品常遭不法人士仿冒，由於仿冒手法高超，販售的仿冒品外觀與真品非常相像，一般消費者根本難以分辨真假，以致仿冒品大量流入市面，不但造成公司信譽的損害，公司營業銷售上也遭受重大打擊，請問該公司可以向仿冒者請求民事賠償嗎？

　　販賣仿冒商標商品係屬侵權行為，成立之後即發生損害賠償的效力，亦即被害人取得損害賠償請求權，反之，加害人（即侵權行為人）負有損害賠償義務。我國民法對損害賠償本有一般性之基本規定，包括財產的損害及非財產的損害；而商標法則針對商標權人可請求損害賠償方式做特別規定，其中就損害賠償之計算，包括：

　　一、商標權人可以就其使用註冊商標通常所可獲得之利益，減去受侵害後使用同一商標所得之利益，以其差額為所受損害。例如，若市面上沒有人仿冒該公司商標商品，該公司原可獲得利益為新臺幣100萬元，但因仿冒商品之流通，使得該公司只獲得新臺幣60萬元之利益，則該公司可以請求仿冒者賠償的差額，應為新臺幣40萬元 (100 − 60 = 40)。

　　二、仿冒者不能就其成本或必要費用舉證時，以其銷售商品全部收入為所得利益，商標權人可以請求其賠償該所得利益。例如，仿冒者仿冒該公司商標球鞋，每雙售價為新臺幣1,000元，販賣1,000雙，共獲利新臺幣100萬元，若仿冒者證明其每一雙球鞋之成本及平均店租費用為新臺幣400元，則扣除該等成本及費用40萬元後，獲利共為60萬元，則該公司可以請求仿冒者賠償新臺幣60萬元。

　　三、商標權人可請求查獲仿冒品之零售單價500至1,500倍的金額，但查獲商品超過1,500件時，可以其總價定賠償金額。例如，仿冒者共被查獲販賣2,000雙仿冒該公司商標的球鞋，每雙售價新臺幣

1,000 元，則該公司可以請求仿冒者賠償所有查獲球鞋之總價，即新臺幣 200 萬元作為損害賠償。

此外，該公司業務上信譽因商標權受侵害而致減損時，可以另外請求賠償相當之金額。還可請求由仿冒者負擔費用，將侵害商標權情事的判決書內容全部或一部登載於報紙。

又值得注意的是，雖然請求損害賠償係屬民事訴訟的性質，但就商標仿冒事件而言，其損害賠償之不法原因與刑事處罰之犯罪行為皆為販賣侵權商品之同一行為。為節省訴訟審判重複之勞費，也避免同一事實因不同法院審理造成分歧之可能，我國法律有「附帶民事訴訟」之規定，即商標權人得附隨於刑事訴追的程序，於刑事法院提出民事賠償請求，由刑事庭法官就仿冒者的刑事處罰及被害人的民事賠償請求於同一法院審理判決。而民國 97 年 7 月 1 日成立之智慧財產法院所審理的附帶民事訴訟案件，該院法官原則上會將刑事與民事案件一併裁判，已更落實增進商標仿冒案件解決的速度，達成保護商標權人之目的。

11 從國外旅遊帶回之水貨藥品可以販賣嗎？

劉騰遠

「水貨」，一般民眾的認知與依我國不同智慧財產權相關法規的評價究竟有何差異？「平行輸入」商品的概念又與「水貨」有無不同？所謂「水貨」的藥品可以販賣嗎？

在國外生產銷售的商品，若直接由該國外公司或藉由授權代理商輸入國內販售，一般我們稱為「公司貨」。相對於沒有經過公司或授權代理商，自行在國外購買所謂「公司貨」之後輸入國內販賣，這些商品既是飄洋渡海而來，故一般俗稱「水貨」；又「水貨」與「公司貨」皆是「輸入」的商品，只是輸入的方式各自平行不相交集排斥，故「水貨」又稱為「平行輸入商品」。

依我國商標法規定，真品平行輸入附有商標的商品到國內販售是法律所允許的。依此類推，藥品亦是商品的一種，平行輸入的水貨藥品是否也可以在市場上販售？而專就「水貨藥品」而言，我國相關的法律規範為何？自己或託親友從國外帶回的藥品可以販賣嗎？

依據我國藥事法的規定，自國外輸入藥品，必須將成分、規格、性能、製法之要旨，檢驗規格與方法及有關資料或證件，連同原文和中文標籤、原文和中文仿單及樣品，申請衛生署查驗登記，經核准發給藥品輸入許可證後，才可以輸入；若未經衛生署核准擅自輸入的藥品，屬於「禁藥」。違法輸入禁藥或明知為禁藥而販賣或轉讓，都可能遭受刑事追訴而受處罰。由於「水貨」藥品沒有經過主管機關檢驗把關，欠缺品質安全的保障，甚至許多廠商常宣稱他們所販售的售價較一般「公司貨」藥品便宜一些的「進口藥品」，是國外原廠生產而平行輸入國內的「水貨」，實則大多是地下工廠仿冒真藥之外觀、包裝及商標的黑心假藥，民眾購買時亦應特別留心。

又藥事法有特別規定，旅客或隨交通工具服務人員若為「自用」目的，在一定限量的標準內所攜帶進口的藥品，就例外不認為是禁藥。例如，阿中從美國旅遊回國，帶了 2 瓶原廠壯陽藥給爸爸使用，此種「水貨」的壯陽藥品，既是真品平行輸入且為「自用」目的帶回國內，阿中即未違反藥事法的規定。但要特別注意，若阿中帶回國之藥品數量超過法定限量，尚有補稅的問題。若阿中假借自用之名，事實上其輸入藥品的目的係為轉售牟利，則為法所不許。總而言之，從國外帶回之水貨藥品是不可以販賣的，而為了保護自己的身體健康，避免不慎購得假藥，消費者應注意不買水貨、不貪小便宜、不在來路不明地點或網站上購買藥品，如果購買到偽藥，也建議保留相關單據及藥品後向衛生主管機關或司法警察機關提出檢舉，以維自身權益及民眾健康。

12 我可以註冊 NBA 域名嗎？

范慈容

　　許多人天天上網，但對 Domain Name（在大陸稱為「域名」，在臺灣稱為「網域名稱」）是什麼，可能還不太清楚。其實，域名就是打在網路瀏覽器網址欄中的那一串數字或字母，可以很快的引導我們到想拜訪的網站。例如，在大陸輸入 www.sohu.com，就可以到搜狐網站看新聞；在臺灣則輸入 www.google.com，便可到 Google 網站進行搜尋。

　　域名是為了便於記憶而建立的位址轉換系統，申請很方便，interNIC（國際互聯網信息中心）負責提供網路域名的全球登記服務，任何人花點錢就可註冊自己的域名。但因為域名登記實行「先到先得原則」，並且是全世界統一管理的，所以一旦你想要註冊的域名已經被他人捷足先登，除非這個域名被先前持有人放棄，否則你是無法取得相同登記的。

　　interNIC 受理域名登記時，並不會審查申請人是否對申請登記的域名享有合法權益，因此過去的案例中有很多域名蟑螂惡意搶先登記別人名稱的案例，許多公司花了大錢才取回與公司名稱或商標相同之域名。後來為了遏止惡意搶註的風潮，各國逐漸建立起域名爭議解決機制。如果註冊的域名被法院或仲裁機構判定或裁定為惡意註冊，此域名就會被移轉給真正的權利人。惡意註冊的情形包括以下幾種：

　　一、註冊的目的是為了出售、出租或轉讓該域名給商標所有人或其競爭對手，以獲取利益。例如，申請註冊了 www.coca_cola.com 的域名，準備高價賣給可口可樂公司。

　　二、註冊的目的是為了阻止真正權利人使用該名稱或標誌。例如，假設國內一家著名的飲料廠商，申請註冊了 www.yahoo.com 域名，但申請的目的既不是為了自用，也不是為了轉讓，卻只是為了使 Yahoo 公司無法申請到這個域名，讓消費者無法透過 www.yahoo.com 這個域名連結到 Yahoo 的網站。

　　三、註冊的目的是為了破壞競爭對手的正常業務，或是為了引起公眾混淆等。這些情形的發生，通常是域名持有人將他人享有商標權或其他知識產權（臺灣稱為智慧財產權）的標識註冊為自己的域名，此種行為是大陸及臺灣相關法律不允許的。

　　在大陸，曾經有一家位於廣東的公司在網路註冊了 www.nba.cn 的域名，並在網站上播放 NBA 的相關錄影、新聞，以及出售帶有 NBA 字樣的商品，許多大陸的球迷都以為這是 NBA 在中國的官方網址。後來這家公司被 NBA 商標登記人──美國籃球協會資產有限公司告上了法庭，最終這家公司不僅要將該域名無條件地移轉給美國籃球協會資產有限公司，還要負擔對方支出的調查費等費用。

　　因此，即使你很喜歡某個著名商標或標章，想將它註冊為域名之前，仍要三思。否則，不但可能要無償歸還，還要賠償權利人的損失，實在是得不償失。

五、著　作

TS

TM

C

GP

P

1　模仿，是尊敬還是不敬？

李念祖

　　著作權是源自西方的觀念，在中國的傳統社會中，不但類似的觀念頗為缺乏，恐怕還有完全相反的習慣存在。

　　西方人認為，從事文化創作的創作人，應該對於個人的創作具有完全支配的權利，他人欲利用其創作，或者使其創作重現，應該尊重原創人，得到他的同意。因此，抄襲或模仿的行為，基本上被認為是對原創人欠缺尊重，也可能構成一種經濟上的剝削行為。為了促進文明創作、文化進步，國家必須對文化創作施以特別的保護，否則無異容忍掠奪剝削，可能會扼殺創作意願，阻礙文化的發展。

　　類似的想法並沒有在中國的社會傳統中生根。雖然在中國社會中，抄襲並不值得鼓勵，「文抄公」一詞即是對於抄襲者的一種負面評價，但是「文抄公」的稱號，恐怕指責抄襲者的不長進居多，而非認為抄襲是一種損害，或不尊重被抄襲者權益的行為。相反的，抄襲或模仿行為的存在，往往正足以顯示被抄襲者或被模仿者的創作受到肯定。模仿，往往是一種尊敬的表現，以下的幾項例子足以證明。

　　中國的畫家在習畫的過程裡，多須經過臨摹的過程。一位畫家在成名前，須臨摹歷代畫家的作品，必求維妙維肖，真假莫辨，始稱得其精髓。遍臨歷代大家的畫法，皆能以假亂真，才算精通各家畫法，之後才能自成一家。也只有畫壇名家，方有受人臨摹的資格。受人臨摹，是藝術地位受人肯定的證明。畫家如此，書法家亦然。

　　還有京劇藝術，名家始能自成派別，四大名旦梅、程、尚、荀，各有千秋，後起者競相模仿，必求可以亂真的程度而後止，列入門牆者如此，私淑其藝者亦然。模仿，純粹在顯示被模仿者的藝術地位，只有尊重的意思，並無不敬的成分。

再如國父的墨寶,常有人以集字的方式,用作團體或刊物的名稱,此舉無他,只因為尊重國父而已,絕無絲毫占取便宜或藐視國父的意思。

可是,西方人卻認為抄襲或模仿的行為,若未徵求原創者的同意,就是對於原創者人格的不敬,還奪取了原創者的經濟利益,有必要以法律加以禁止處罰,藉以啟發文化創作誘因。

不過,現代通行的觀念,認為法律保護原創者獨占支配其文化創作的地位,固然有激發創作意願的效果,但也不能趨於極端。因為人類文化的延續,必得靠資訊的自由傳遞流通。如果過分保護原創者支配其文化創作的獨占地位,反而會因此阻礙了資訊傳遞,違背了民主社會鼓勵資訊開放、自由流通的基本需要。因此,現代的法律,一方面注重著作權的保護,一方面亦注意不要因此妨礙了文化傳遞的社會機能,且致力求取兩者的平衡。

在西方觀念的衝擊下,東方文化傳統上以模仿表達敬意的作法,顯然要視原創人是否願意被模仿而有所調整,這是現代社會尊重個人意識的結果,也是我國著作權法歷年來進行修改的原因。也正因為我國社會傳統的理念,與西方保護著作權的原始出發點頗有距離,推行現代著作權法,必然會與社會上習以為常的行為和舉動格格不入。身為現代公民,努力增進著作權法的知識,藉以建立尊重他人創作權益的生活態度,實有相當必要。

2 著作代表人格

李念祖

　　有句話說「字如其人」，意思是從一個人的字跡可以看出這個人的個性或風格。類似這樣的道理，也已進入了著作權的世界。在著作權的概念中，著作的完成，代表了創作者的人格。看到著作，就好像看到了本人，人有人格尊嚴，他人不可輕易侮慢，著作既然代表人格，也一樣的不容隨意冒犯。在著作權法上，這叫做著作人格權，與著作財產權並立。這兩大權利，在著作創造完成時，立即發生；性質不同，但是共同構成完整的「著作權」。

　　我國的著作權法，不僅明文載入著作人格權，還具體的規定了著作人格權的三項內容。首先，著作人有權決定是否公開發表其著作，這是「公開發表權」，就好像一個人是否要將自己的身體示人，是一項純屬私人性質的決定，所以是一種人格權。不過，公開發表權不是絕對的權利，例如作家將手稿賣出或授權別人的時候，買主或被授權的人當然可以將之公開發表；畫家或攝影家將畫作或攝影作品原件給予他人，他人也自然具有公開展示的權利；學生取得碩士或博士學位後將其碩士、博士論文送往圖書館，應視為同意公開發表；電影或錄影帶的製作人，也可以依法律規定公開發表所製作的電影或錄影帶，無須著作人另為同意。

　　其次，著作人公開發表著作時，有權決定用什麼名字代表自己，這是「姓名表示權」，就好像一個人希望別人如何稱呼自己，也是純屬個人的決定。發表著作，可用本名、別名、筆名等等，不具名亦可，悉聽著作人尊便。為他人著作設計封面的人，或依法編輯別人著作的人，可以加冠自己的名字為封面設計人或主編者，但若著作人明白表示反對，或者其用法違背了一般社會的使用慣例，仍不可以，而只能標示原作者的名稱。不過，如果著作的性質特殊，在不損害著作人利益，也不違反社會使用慣例的前提下，可以將著作人的姓名或名稱省

略。例如字典或百科全書的編纂者，動輒成百上千，甚至更多，即可不必將著作者的名字悉數列出。

著作人的第三項著作人格權，是有權保持其著作的內容、形式及名目的同一性，這稱為「同一性保持權」，也就是說著作不容他人竄改增刪、斷章取義、移花接木、改頭換面、張冠李戴。不過，若是為了教學所作的節錄，而未改變實質內容，或者依照著作的性質、利用目的、方法所為必要的改變，但非實質內容的改變，例如影印時的放大或縮小，不算侵害。此外，為了適用電腦硬體必須改正明顯的錯誤，可以修正電腦程式；建築物的增建、改進、修繕或改塑，亦為法所不禁。

正因為著作人格權是一種無形的權利，純屬個人的決定權，因此跟著著作人走，原則上只有著作人能夠行使，而與具體的金錢或物品等身外之物，可轉讓或繼承有所不同。著作人格權不能轉讓、不能繼承，正是因為人格不能出賣。

武俠小說裡常看到師父告訴徒弟：「劍在人在，劍亡人亡」，但是著作人格權則不僅使人「睹物思人」，而且「人在權在，人亡權不亡」。著作人格權在著作人往生或法人人格消滅之後，除非可以推知他人的利用符合著作人的意思，著作人格權仍然永續存在，不容任意冒犯。人雖已不在，著作人格權依然不容他人侵犯，正足以證明文化人的「筆勝於劍」了！

3 著作有國籍嗎？

李念祖

　　人有國籍，藉以顯示人與國家的效忠及保護關係，也因此有外國人與本國人之別。在著作權法的領域裡，有時會聽到「外國著作」與「本國著作」的用語，著作是不是也有「國籍」呢？

　　嚴格言之，專利或商標或許可說具有國籍，著作恐怕不然。

　　著作權與專利權、商標權同被列為重要的智慧財產權。專利權與商標權有一個相同的特徵：都必須向國家申請註冊登記，始受保障（世界著名的商標無須登記即受保障，是一種例外）。而登記註冊的專利或商標，原則上只能在登記註冊國家的領域內得到保護，所以專利與商標的權利範圍，具有濃厚的地域歸屬性質。專利或商標要在一個國家內受到保護，就必須先依照該國的規定完成註冊登記才行。所以依照一國的法律註冊登記的專利或商標，就等於有該國的「國籍」，專利或商標的登記者可以享受該國法律提供的權利保障。當然，專利及商標可同時在多個國家註冊登記，故在各國均能受到保護。

　　著作權則有些不一樣。早年也有註冊登記才能受保護的觀念，不過現在這種制度已經落伍了。現在各國保護著作權的方法，多以為著作只要創作完成，就應受到保護。向國家機關註冊登記固然可以，但登記只是一種證明，沒有註冊登記，權利依然存在。例如美國與中國大陸目前仍有註冊登記，即純為證明功能。我國從民國 74 年起，著作權法就已追隨國際潮流，採納創作保護的制度；民國 81 年之後更將登記制度完全廢除。

　　問題是，著作不須註冊，即使有著作權存在，著作是否還是有「國籍」，而只受特定國家法律的保護？還是著作所到之處均受保護，沒有國界的限制？

　　著作權無國界，是一種理想，目前還沒能完全實現。然而，透過許多國際保護著作權公約的簽署，已經使得著作權能夠大幅超越國界的局限，無須經過登記註冊取得「國籍」的手續，即能同時享受多數國家的法律保護。

　　話說回來，著作雖然無須以註冊登記作為取得著作權的先決條件，但是不同國家對於著作權的保護，仍不是毫無區別，往往要以創作人的國籍，來決定其著作受保護的程度與範圍。不論什麼人的著作，一概給予平等保護的國家，在這個世界上絕無僅有。換句話說，不分本國人或外國人，一視同仁的保障著作權的「國民待遇原則」，是國際公約所追求的高標準。但因各國法律規定不同，維護著作權的程度頗有差距。考慮到自己國民在外國是否可以主張權利的問題，各國多少都會以「互惠原則」作為條件，對於不肯禮尚往來的國家，往往不會給予與自己國民相同的保護。互惠原則的利用，成了督促別國提升著作權法保障的重要方法。

　　隨著許多國際保護著作權公約的簽訂，互惠原則也成了各國的橋樑，我國由於未能加入任何一項國際著作權公約（包括世界各國締結最早、參加最眾的伯恩公約 Berne Convention），因此只能藉著自己的法律規定互惠原則，以使外國人的著作受到保護，也方便本國人民在外國得到著作權的保護。值得一提的是，在民國 81 年修正的著作權法，實質上已納入了伯恩公約保護外國人著作的精神，大幅減少外國人著作與本國人著作所享受權利的差距，而我國在 2002 年加入 WTO 後，更是全面對 WTO 會員國人民的著作予以保護，可說已經達到國際標準。

　　著作到底有沒有國籍？其實，一般「外國著作」或「本國著作」的說法，只是「外國人著作」與「本國人著作」的簡稱。著作沒有國籍，但可能受到著作人的國籍影響，而在不同的國家得到不同的待遇。不過，和專利權與商標權比較起來，著作權國際化的程度，確實大幅領先。

4　既無「版權」，亦非「所有」？

李念祖

　　一般坊間書籍的末頁上，常印有「版權所有，翻印必究」，這幾個字代表什麼意思？與法律的規定有無距離？頗值得玩味。

　　國人多將「著作權」稱為「版權」，因此「版權所有」應該指的是「著作權所有」，也就是向世人宣示其著作權不容非法侵害的意思。但是，在法律上，著作權並不稱作「版權」，「版權」也不是專有名詞，而且法律上另有「製版權」、「出版權」等類似的專有名詞，使用「版權」二字，可能會引起誤會。

　　先談製版權。例如像《水滸傳》這類著作權保護期間已經屆滿，或無著作權的著作，經由製版人整理排印或就原件影印發行，並依法登記後，製版人就其排印或影印之版面，即享有製版權，對於此「版」，只有製版人可以重製。由於製版權的保護，以不能主張著作權的著作為限，「版權所有」若被誤解為「製版權所有」，可能會有嚴重的結果。因為製版權保護的對象，是沒有著作權的著作，所以主張製版權，無異承認自己沒有著作權，如此和原先想保護著作權的用意，恰好相反。

　　至於出版權，則是著作權人授權他人出版其著作的權利。著作權人授權他人代為出版著作，與出版人間，對發行版數、每版發行的數量，一般都會有所約定。但是，出版權只是著作權的一部分，出版權也只是一種契約上的權利，「版權所有，翻印必究」若被誤會為「出版權所有，翻印必究」，也會發生一些疑問。因為出版權只是著作權的部分權能，有著作權的人，通常不會僅僅主張出版權；只強調出版權，反似暗示並不享有著作權。同時，出版權是只對著作權人主張的契約權利，不能對第三人主張。所以，只有著作權人可以表示「翻印必究」，出版人無權主張「翻印必究」。

　　姑且撇開「版權所有」會產生上述的問題不談，「翻印必究」這幾個字也有毛病。著作權包含重製、公開口述、改作等諸多權能，而「翻印」不過是重製的一種形態，且重製包括任何以印刷、複印、錄音、錄影、攝影、筆錄或其他方法所為的有形重製，並不局限於「翻印」。主張「翻印必究」，未免過於狹隘，也可能引起著作權人只禁止翻印，不禁止其他行為的誤會。

　　「版權所有，翻印必究」雖然是國人的慣用詞令，但由以上的說明可以知道，「版權所有，翻印必究」並不是保護著作權的恰當用語，而且會引起不必要的誤會。正確的用語應該是「著作權所有，請予尊重」或「著作權所有，違法侵害者依法究辦」等。

　　著作權對於現代人的日常生活以及一國的文化、科技，乃至於經濟的發展，皆有密切的關連，國人懂得在著作上宣示不容非法侵害著作權，顯示出對著作權日漸重視。但主張權利者，必須對其主張的權利有深切的認識，知道所主張的權利內容是什麼，所主張的權利範圍又是什麼，才能有效保護權利。使用「版權所有，翻印必究」來表示禁止侵害著作權，會使人認為權利的主張者，其實並不了解什麼是著作權，值得著作人注意。

5 取得著作人身分還是讓與著作權？

李念祖

許多公司與員工訂定契約，約定將職務上著作的著作權讓與給公司。這種契約，有人稱為著作權讓與契約，為的是因應著作權法中應以受雇人為職務上著作之著作人的規定。

不過，這種「著作權讓與契約」是否真能達到由雇用人享有著作權的目的，其實大有疑問。

現行法律規定著作權的內容，甚為廣泛，主要包括著作人格權及財產權，但是當事人能以契約轉讓的部分，只限於著作財產權，著作人格權並不包括在內。因為著作權法明文規定，著作人格權不能繼承或轉讓。所以，即使已有著作權讓與契約白紙黑字的約定，公司仍然不能取得完全的著作權。

著作權讓與契約所不能移轉的權利，包括三項著作人格權，一是使用原作者名義公開發表著作的權利。員工若將職務上著作的著作權讓與給公司，公司雖然可以公開發表其著作，但仍應以員工而非公司的名義發表。二是改作後以原作者名義發表的權利。員工若將職務上著作的著作權讓給公司，公司雖然可以改作，但改作後的著作如果不能成為一獨立的著作，由公司自己成為著作人，則未經員工同意，仍不能以員工的名義發表。三是對侵害人格權的行為加以追訴，尋求法律救濟的權利。即員工與公司簽訂讓與著作權契約，遇有他人冒用名義，發表員工職務上的著作時，只有員工可以請求更正、道歉。

這樣說來，公司若是要與員工訂立著作權讓與契約，為確保公司可以獨立、自由利用員工完成的著作，應於契約中明白約定員工不對公司主張其著作人格權，如此才能在取得著作財產權後自由利用其著作。當然，公司與員工就職務上的創作亦可自始即約定以公司為著作人，如此一來，除非公司與員工另有特別約定，員工對於職務上的著作，即無任何權利。

　　總之，公司與員工就職務上的著作權利歸屬的約定，究竟只是著作財產權的讓與或是著作人的指明，在法律上的效果大不相同。看起來似乎只是名詞的差別，實質上的意義相去甚遠。通常的情形是，雙方經過深思熟慮後，以都能接受的安排加以約定安排。公司與員工雙方可能都要考慮公平、方便、和平、合理等因素，才能達成妥善的協議，茲事體大，員工及公司皆不能輕忽。

6 是發明？還是著作？

李念祖

　　依著作權法規定，雖然是職務上的著作，但如果未就著作財產權與人格權加以約定時，著作權歸員工所有，與專利法規定職務上的發明原則上屬於公司，恰巧相反。因此員工職務上的創作，究竟是著作權法上的著作，還是專利法所規定的創作（包括發明、新型、新式樣），應加以區別。

　　專利權與著作權，雖然都是智慧財產權，但在觀念上，各有領域。專利權是將創作用於產業上製造、販賣、使用的權利，其重點在於創作的「實施」；著作權則是重視具有文化價值創作的權利，其重點在於創作的「重製」或「公開展現」。例如一個經營餐廳的人發明了一道新菜，將這道新菜炒出來給客人享用，是「實施」；將這道新菜的作法寫成食譜，再將食譜印製成書，則是著作的「重製」或「公開展現」。也就是說，專利法保障的是產業發明的生產方法及過程；著作權法保障的是文化創作之具體觀念的表達形式。

　　假設一道新菜的發明者經過法定的註冊程序，取得了專利權，並將這道新菜的作法寫成了食譜，其他餐廳若是買了他的食譜，學會了作法，以同樣或類似的菜式供應客人享用，就侵犯了專利權；但只要沒有重製食譜的行為，單以買來的食譜做菜，並不違反著作權法。相反的，若是有人單純翻印食譜，並未經營餐廳，則是侵害著作權，而非侵害專利權。所以一家餐廳雇請的廚師發明了新菜，並將作法寫成食譜，依專利法將這道菜申請專利時，原則上其發明應屬於雇主或由廚師與雇主共有（視當初雇用廚師時，雇主是否講明廚師應該為雇主研發新菜式而定）；但是依照著作權法，食譜的著作權原則上屬於廚師。因此，一項創作，可以同時受到專利法及著作權法不同面向的保護。

　　也許有人會問，著作權與專利權可不可能完全重疊？在一般行業裡通常不會發生這種情形，因為並不是任何創作或發明都可獲准申請專利註冊。絕大多數受著作權法保護的創作，並不具有專利性。不過，就一些特定的行業而言，創作的重製與實施是同一件事，並非不能想像。

　　譬如說陶瓷器製造業所產製的美術工藝品，如花瓶或陶瓷擺設，其形狀、花紋、色彩，若富於美感而具有原創性，依法可以申請新式樣專利加以註冊。同時，這樣的美術工藝品也可以成為著作權法上保護的美術著作。因此，大量生產一個獲得新式樣專利的美術花瓶，正是一種著作權法上的重製行為，因為著作權法規定的「重製」，包括以特定方法有形的重複製作美術工藝品在內。問題是，大量生產這個美術花瓶的權利，究竟屬於陶瓷公司，還是屬於公司所雇用、完成美術花瓶原始設計的設計師？依照專利法，這項新式樣專利屬於公司；依照著作權法，這項美術工藝品的著作人則是受雇的設計師。

　　如果公司與設計師並沒有清楚的約定，這可能是一道無解的法律習題，我們很難推測法院如何在這兩項相衝突的法律中作出選擇。一般人的觀念也許會傾向有利於公司的看法，但公司是否較為有利，似乎未必。其實，真正的問題在於著作權法與專利法雖然各有重點，但在勞資關係中，無論是工業發明或是文化創作的權利歸屬，本不應有南轅北轍的規定。

　　為了明確規定勞資雙方權益，避免糾紛產生，對於職務上創作，雇主與員工最好有明確的約定，以免造成糾紛，破壞了勞資和諧。

7 學生上課抄筆記違法嗎？

李念祖

對學生而言，抄筆記是上課的例行功課，學生抄筆記的行為是否違反著作權法呢？

原則上，老師上課的內容是一種語文著作，學生抄筆記，則屬於一種重製行為，在理論上來講，應該徵得老師的同意，不過，依一般社會大眾的認知和理解，老師不僅預見學生上課會抄筆記，而且還會期待學生上課抄筆記。因此，除非老師明示不准學生抄筆記，否則應可認為老師對於學生抄筆記的行為有默示的同意，學生抄筆記自不構成違法。

學生抄筆記若是逐字逐句的抄記，這是筆錄，依著作權法的概念是一種重製行為，基於老師默示同意可以為之，但該筆記的著作權人仍是老師。即使學生將一些語助詞省略，並不改變其筆記為筆錄的性質，如果學生隨意以違反老師授課意旨的詞句，記作上課筆記，則有侵害老師著作人格權之虞。但如果是節錄，或只是用字、用語的變更而非實質內容的改變，依照著作權法的規定，是教育目的必要範圍內的利用，即未侵犯老師的著作人格權。

但學生的筆記，假如是先在腦中消化之後，再以自己的理解將老師講課的內容寫成摘要或要義，嚴格來說，已經是學生自己的著作。著作權法保護的是「表達方法」而不是觀念，學生的知識即使得自老師上課所教授的觀念，還是可以用自己的方式表達。但有一點要說明的是，若單就著作權法的規定，學生以自己的話語寫筆記，筆記既成為學生自己的著作，學生應該將自己的話語和老師的文字作一個區分，在筆記中引用老師的詞語之處，應予標明。

然而在真實的生活裡，學生若是僅將筆錄或摘要供自己學習使用，不應該會發生違反著作權法的問題，只有在將筆錄或摘要加以重製時，上述的法律分析才有實益。

　　另外，學生上課是否當然有錄音的權利？除非老師知道，且看見學生錄音而沒有表示反對，否則不能一概推定老師有默示的同意。當然老師即使默示學生抄筆記或錄音，通常也僅止於同意抄筆記或錄音的行為，而不是同意學生將筆記印刷成冊或複製錄音帶出售。至於同學間相互影印，是否有老師默示的同意？恐難一概而論，因此，學生在影印或錄音之前，應先徵求老師的同意，即使不談法律如何規定，也是應有的禮貌。

　　在學校裡影印、錄音等行為，多半不至於嚴重到老師控告學生的地步，但從著作權法的規定看來，雖然只是校園內課堂中的行為，法律上也可找到基本的遊戲規則，不妨當作著作權領域中茶餘飯後的趣味話題。

8　學生可以影印講義嗎？

李家慶

　　大多數的學生都有在考前影印老師講義或同學筆記的經驗，少部分人當然也曾經碰到同學拒借筆記的尷尬場面。不過，過去拒借的原因，可能只是單純怕同學考得比自己好，有時還不知如何拒絕；但有著作權法概念的同學想要拒借可以有比較冠冕堂皇的理由——著作權所有，恕不外借。

　　如果學生是為其個人單純學習的目的而抄寫筆記，並不會侵害老師的著作權，而學生抄筆記時，如果是以自己的文筆、語法或圖表的方式重新整理，理論上整理筆記的學生對該筆記享有著作權，其他同學未經其同意，自然不得影印或重製。

　　至於授課老師所發給學生的講義，如果是自己的著作，發給學生後應該是已同意學生為學習目的而重製或影印，並不發生侵害著作權的問題。但是，如果授課老師所發給的講義是他人的著作時，則除非是授課需要及教育目的，且在合理的範圍內，不然連學校或授課老師也沒有任意重製影印的權利，學生當然就更不可為之了。

　　著作權法雖然規定，依法設立之各級學校及其擔任教學之人，為學校授課需要，在合理的範圍內，得重製他人已公開發表的著作，但顯然無法適用在學生影印講義的情況。不過，學生為了個人非營利的目的，例如上課所需；或是為了準備撰寫研究報告，仍然可以在合理的範圍內重製他人的著作，例如影印一本書中的部分章節。但是，要注意的是，必須利用圖書館及非供公眾使用的影印機才可以。所以，學生如果到校外文具店、影印店、沖印店影印講義時，可能因為文具店、影印店、沖印店內的影印機屬供公眾使用的機器，而無法依據著作權法的規定免責。

　　這樣的法律適用結果當然頗不合理，且造成相當的不便。不過，法律沒有修改前，學生為上課或研究需要，勢必都要到圖書館去影印講義，雖然圖書館的設立功能，並不是在提供影印的場所。另外，法律如此適用的結果，學校附近的文具店、影印店、沖印店的生意可能會因此大受影響。

　　要是文具店、影印店或沖印店偏不信邪，繼續提供影印機給學生非法影印他人的著作，即使未替學生動手服務，由學生自行使用影印機器，也有可能成為幫兇，而且還有成立常業犯的可能。因此，謹慎的業者，至少應該在影印機旁貼上警語，提醒學生勿非法影印他人之著作，如此方可主張並無侵害他人著作的故意或過失。應注意的是，有經驗的業者對於明顯的違法行為（例如學生大量影印全冊書籍），應可一望即知，是否僅憑一紙警告即可免責，頗有疑義。

　　話雖如此，殺頭的生意有人做，賠本的生意沒人做，業者提供影印機給學生影印筆記或講義時，對於明顯違法的影印行為，奉勸還是不要睜一隻眼、閉一隻眼，否則總有一天著作權人和警察會找上門來。

9 老師應該有特權嗎？

丁靜玟

老師的特權？有沒有弄錯？老師怎可以有特權呢？

政治社會制度健全的社會，不論王公庶民，人人生而平等，特權是不應存在的。老師從事百年樹人的教育工作，當然應以身作則，教誨學子人人生而平等的觀念，怎能賦予老師特權呢？

可是，老師確實有些特權，在著作權法裡，明白的賦予老師某些專有的特權，讓老師在利用他人著作時，不致侵犯他人著作權益。

老師所以在著作權法上享有特權，是因為教育為國家百年大計，老師常會運用他人著作以達教學目的。倘若不給予老師一些法律上的保護傘，老師隨時都有可能觸犯法律，那將如何從事教育工作呢？

著作權法給予老師什麼樣的特權呢？著作權法規定，老師為了授課需要或教育目的，在合理範圍內可以重製、改作、編輯或公開播送他人已公開發表的著作，或是將其揭載於經教育行政機關審定的教科書或教師手冊中。換句話說，老師將他人的文章影印作為上課教材，或是在課堂上播放 DVD、VCD 作為輔助教學，不必事先獲得著作權人同意。當然，老師享有重製或公開播送他人著作的特權，並不意味老師可以無限量的影印、印製或錄製他人著作，散發給學生作為講義、資料。老師所利用的著作種類及利用方法，仍須合理且不妨害著作人權益。因此像是性質較為特殊的電腦程式，由於製作成本昂貴，所以著作權法縱然允許老師重製他人的著作，但仍將電腦程式著作排除在特權範圍外，也就是老師不能重製任何電腦程式作為教學教材之用。

除此之外，老師們為了製作考試題目，也可以將他人已公開發表的著作重製成為試題，或是為了盲人教育目的，可以用點字、錄音、電腦或其他方式，利用他人已公開發表的著作，供盲生使用。在自己的教學教材中，為了輔助或證明自己的理論而引用他人的著作，也都算是合理的使用他人著作。另外，老師們還可以基於教學目的，以翻

譯方式來利用他人的著作，例如翻譯他人著作作為考題，並不侵犯他人著作權益。另外，雖然不是為了教學或教育目的，老師與其他人相同，基於自己個人使用或為報導、評論、研究等正當目的，當然也可以利用圖書館或非供公眾使用的機器，重製或引用他人已公開發表的著作。

　　值得注意的是，雖然著作權法給予老師教學特權的保護傘範圍頗大，讓老師們可以安心教學、研究，但所利用的著作終究是他人的著作，為了尊重別人智慧權益，還是應明白標示所利用的著作源於何處，否則雖然為教學目的重製、公開播送或翻譯他人著作的行為，法律並不加以處罰，但利用時未明示出處，仍會被處以新臺幣 5 萬元以下罰金，老師們不可不慎！

10 考題是著作？著作當考題？

李家慶

　　如果將每一場考試都比擬為一場戰役的話，那麼臺灣的學生可以說個個都是身經百戰的沙場老將。在這裡，我們並不想去討論如何金榜題名，或如何去擊敗其他考生，而是就所有考生面對的共同敵人──考題，了解一下它與著作權法的關係。

　　說考題也是著作，可能會讓一般人跌破眼鏡。不過，根據著作權法的規定，考試的試題，如果是屬於文學、科學、藝術或其他範圍的創作時，就有可能成為著作權法所保護的著作。

　　但如果考試的試題並不具有創作性時，則該考題即非著作權法中所稱的著作。假如是依法令所舉行的各類考試，其考試的試題即使是有創作性，根據著作權法的規定，也不能成為著作權的標的，出題人不能享有著作權。

　　什麼是依法令所舉行的考試呢？考選部所舉辦的各類高考、普考、特考，教育部所舉辦的留學考試，乃至大學聯合招生委員會所舉辦的大學學力測驗，以及國民中小學的月考、期考，解釋上都屬於依法令所舉辦的考試。所以，為了準備這些考試，而蒐集歷年來的「考古題」，並予以影印重製，並不違反著作權法。

　　坊間有一些考試書籍，將歷年的試題編印整理成冊，如在試題的選擇與整理上有創作性時，即使試題本身無著作權，也可成為編輯著作，而受著作權法的保護，所以，考生還是不可以任意影印這類的考試書籍。

　　當然，如果不是依法令所舉行的考試，例如補習班裡的模擬考等，如其考試的試題有文學、藝術、科學上的創作性時，因具有著作權，也不可以任意的影印或重製。

　　試題可不可以成為著作，主要還是看是否具有創作性，以及其是否依法令所舉行考試的試題而定。至於各種考試，可不可以重製別人已公開發表的著作，則又是另外一個問題。

　　依據著作權法的規定，政府、依法設立的各級學校或教育機構所辦理的各種考試，得重製已公開發表的著作，以供試題之用。但已公開發表的著作如果是試題，則不得重製。所以，像教育部所舉辦的留學考試，其中共同科目國文考試中，有關文言文譯白話文的試題，即使有重製或引用他人的文章，也不至於違反著作權法。但是，坊間各大出版社或補習班的模擬試題大全或者考前猜題的題目，因為不是學校或教育機構所製作，就不可以任意的予以重製，否則不但有「洩題」之嫌，也可能因此違反著作權法。

　　要注意的是，也僅有政府以及依法設立的各級學校，或教育機構所辦理的考試，才可以重製別人已公開發表的著作，以供試題之用。至於其他像補習班的模擬考試或是公司內部的職員求職或升等考試，則絕對不可以重製別人的著作，作為試題之用。

　　所以，像坊間高普考補習班蒐集特定考試委員於大學任教時的講義，作為教材及模擬試題時，可能會違反著作權法，而且還是一種常業犯，不可不察。

11 聽演講可以錄音嗎？

李家慶

　　近幾年來，在有心人大力提倡之下，許多時事或藝文的專題演講及座談會，都辦得有聲有色。甚者，以廣告為取向的廣播公司與電視公司，也都闢有專門的時段與頻道，作空中或電視的演講會。

　　這種風氣，毋寧是國人重視學術文化的好現象，不過，聆聽演講的聽眾，如果「用功過度」，反倒是一件令人擔心的事情。

　　特別是國人一向都比較注意自己的方便，而不管別人的權益。因此，無論是出席音樂會也好，或觀賞歌劇也好，儘管主辦單位一再請求不要錄音、攝影，但是，言者諄諄，聽者藐藐，出席者錄音或照相的情形，還是經常可見。類似的情況，在演講會的場合也經常發生。

　　在他人進行專題演講時，予以全程的錄音或筆錄，雖然可以顯示聽眾的認真聽講，卻可能因此侵害了演講者的著作權。因為演講者的演講內容，屬於語文著作的一種，演講者對該語文著作擁有著作權。所以，未經演講者的同意，即將他人的演講內容予以全程錄音或筆錄，並於事後出版，即使出自對演講者的尊敬或崇拜，也可能因此違反了著作權法。

　　根據著作權法的規定，著作人專有重製其著作的權利，所謂的重製，包括錄音或筆錄在內。因此，如果未經演講者的同意，就將他人的演講予以全程錄音或一字不漏的筆錄，的確會侵犯演講者的重製權。

　　當然，不能在演講會上予以錄音或筆錄，也並非絕對的原則。例如，慈濟功德會證嚴法師有關宗教上的演講，或者是總統的政治性公開演說，根據著作權法的規定，任何人都可以利用或重製。此外，即使是非政治上或宗教上的公開演說，如果聽講者是以自己的錄音機錄下演講的內容，且僅供自己研究之用而未將之出版，也可適用著作權法第51條「供個人或家庭為非營利之目的，在合理範圍內，利用非供公眾使用之機器重製已公開發表之著作」的規定，所以並不違法。

　　在別人演講時筆記，如果筆記的方式，並非一字不漏的照抄，而是用自己的文筆或語法予以重新整理，即使所整理的內容，是來自演講的原始構想，但聽眾對於其所完成的「筆記」，也有獨立的著作權，不致侵害原演講者的語文著作。因為著作權法所保護的是表達構想的「形式」(expression)，至於構想 (idea) 本身，則並非著作權法所要保護的對象。

　　相同的情況，公司的職員被選派出席國內外的會議或研討會，發表專題報告，該職員自可擁有該專題報告的著作權。當然，如果公司與職員之間訂有契約約定著作人時，仍應以其約定為準。

　　著作權法的立法目的，除了在保障著作人的著作權益外，並在調和社會的公共利益及促進國家文化的發展。因此，如果允許著作人壟斷其著作，或濫用其著作權，反而會使得文化的傳承與累積停滯。故在他人演講時予以錄音或筆記，假使目的並不在營利，而僅是供自己使用，不致違反著作權法，否則國人可真是動輒得咎了。

12 徵文比賽入選的作品其權利歸誰所有？

丁靜玟

　　平日瀏覽報章雜誌，可曾注意到常有許多徵文或徵圖比賽廣告？是的，政府或民間單位為推廣某項施政理念或促銷某種產品，常藉由舉辦有獎徵文、徵圖比賽，來擴大民眾的參與或對產品的認識。例如早年兩岸熟知的海峽交流基金會即曾為了該會會徽，在海峽兩岸報紙刊登徵稿比賽，以選出最佳作品。另外，亦常見新聞局舉辦徵求優良劇本的廣告，甚至先前政府為促進經濟發給每位國民消費券，內政部為了提高消費券經濟效益，也曾舉辦使用消費券最大效益方法之徵文比賽，而學校也常舉辦各種作文或畫圖競賽。你是否曾參加過這種徵選比賽呢？是否有注意到徵文、徵稿比賽辦法中，參選作品權利的歸屬規定？參加者入選後拿了獎金，是否就喪失了作品的所有權利呢？

　　一般徵文或徵稿比賽，通常會直接在徵選辦法中規定，參選作品一經獲選，其智慧財產權歸主辦單位所有。而智慧財產權，一般是指商標權、專利權或著作權等權利而言。由於著作權法保護的著作形態繁多，絕大多數徵選比賽作品都會享有著作權。

　　著作權法規定，凡是創作完成立即享有該創作的著作權，不必像商標權或專利權一般，還要向主管機關登記或註冊才能享有專用權。如此說來，徵文、徵稿比賽入選作品，都應是創作完成的作品，沒有經過協商，直接於徵選辦法中將入選作品的著作權歸於主辦單位的規定，在法律上有效嗎？

　　依民法一般規定，徵文或徵選其他著作的比賽辦法，於報章雜誌上公告周知，類似民法上的懸賞廣告或優等懸賞廣告。按照一般法界人士對於優等懸賞廣告的解釋，懸賞廣告比賽辦法所規定的內容是一種「要約」，也就是邀請參加的意思，而參加者完成比賽內容行為後對主辦單位的通知，則是「承諾」該邀請內容之意。因此，入選者除非有反對或有不同意見之表達，足以認為比賽辦法（懸賞廣告）契約不

成立外，否則主辦單位和參加者雙方可視為達成協議而成立契約關係。因此，著作權的歸屬和主辦單位是否有作品刪改權，要視比賽辦法而定。

另一方面，如果徵選比賽辦法中已載明入選作品的著作權歸屬主辦單位，而且主辦單位具有刪改作品權利的規定，則應有拘束參加比賽者的效力。參加者若想保留自己對於著作的權利，則應於投稿參加比賽時，對於這種比賽辦法，明白表示不同意或其他的意見，才能認為主辦單位就比賽辦法的規定未和參加者達成協議，否則，徵選比賽辦法中一旦如此載明，參加者又不表示自己保留作品的權利，恐怕就要將作品的著作權拱手讓人了。

看到這裡，已經參加這類徵文或徵選比賽者不必氣餒，即使未曾對比賽辦法中的作品著作權表示保留的意思，著作人格權仍然屬於創作人所有。因為，著作權是著作人於創作完成，即時享有的權利，其內涵包括了著作人格權和著作財產權。依著作權法規定，著作人格權無法轉讓或繼承，是專屬於著作人的。因此，參選者的作品經主辦單位評定入選者，仍可依法請求主辦單位不得任意刪改作品，對於作品內容、形式名目應保持同一性。

不過值得注意的是，一般徵文、徵稿比賽皆有一定的主題或目的，而參選者所完成的作品是否可以被解釋為是在主辦單位的企劃下所完成的作品，因此入選者作品等於是在主辦單位出資聘僱下完成，主辦單位可於徵選辦法中規定主辦單位為「著作人」，自始享有著作人格權與財產權呢？依前述民法學者之見解與著作權法主管機關對於「懸賞廣告」及徵文、徵稿辦法的解釋令，主辦單位若於辦法中做了如此規定，除非參加者表示反對意思，否則類似規定應屬有效。但是否確定如此解釋，仍有待法院於實際案例中做出更進一步的認定。不過在這法律問題尚未明朗之前，參加人若欲保留權利，仍應注意徵選辦法的規定，而與主辦單位另行約定。

13 投稿人的權利

丁靜玟

　　坊間的書局或書店裡常會看到各種小說大全或散文精選，如民國90年《當代名家小說大展》及《鄉土文學大全》、95年《聯副散文選》、97年《青年作家小說集》等。這些書籍是由出版者依照不同主題，蒐集不同作家於某年度或某季刊載於各大報章雜誌的作品，將多位作者的作品整理編排，以散文集或小說大全的形式出版發行。可是報社或雜誌社有權對於其所採用刊載的作品加以整理蒐集，然後結集成冊出版發行嗎？

　　創作者的心願無非是希望作品能夠發表公諸於世，讓讀者分享創作的成果。一般創作者最常採行發表的方法，是將作品投稿於心目中理想的傳播媒體，希望藉由報章雜誌的發表，與讀者分享。但作者往往為了追求作品被發表的機會，而忽視了法律的規定，尤其是著作權法所賦予作者的一些權利。

　　著作權法的立法基本精神，就是在保護創作人的創作權益，對於創作作品給予創作者經濟財產上的利用價值，進而激發作者的創作能力，達成促進國家文化發展的目的。因此著作權法規定，創作人一旦完成任何作品，不論是散文、小說或是漫畫、插圖，甚至是電腦程式等科技產品，皆享有完整的著作權。而所謂的著作權，其內涵包含了創作者的著作人格權與著作財產權，也就是作者享有專屬的權利，可以決定作品是否要公開發表，發表的時候，是否以自己的本名、筆名或不具名的方式，而且也可以決定作品於發表時，是否容許報章雜誌的編輯刪改或修訂作品名稱和內容。因此，當作者將創作投稿至各大報章雜誌時，即應注意相關的權益問題，並和所投稿的傳播媒體，就投稿作品的利用方式與內容予以約定。

在投稿或受報章雜誌的邀稿下所完成的作品，刊登後是否作品的所有權利就歸屬於刊載的報章雜誌？報章雜誌常於刊物之刊頭註明「來稿經本社刊登，其著作權歸本社享有，本社並得就來稿加以刪改」，這類文字啟事在法律上的效力如何呢？換言之，投稿人為使其作品順利被刊登，是否就得任由報社或雜誌社編輯刪改作品？報社或雜誌社將曾採用刊登的作品蒐集，並將性質相同或主題近似的作品加以整理編印成單行本出版，究竟是基於自己本身的權利？還是已經侵犯到創作人的權利呢？

依著作權法的規定，編印成單行本的編輯權，基本上是歸屬於著作權人，著作人在創作完成同時，就擁有了完全的著作權，其中包含了將自己所有的作品編輯發行的權利。

著作權法主管機關亦曾解釋，報章雜誌於所發行的刊物中載明擁有著作權的啟事或類似文字，在法律上僅屬於構成契約的「要約誘引」性質，還未產生法律上的「所有」。另外，依照民法有關出版方面的規定，倘若創作者將著作交付給出版商印刷及發行，就雙方應該發行的著作版數並未明白約定，則出版人只可將該著作出版一次。現行著作權法也已清楚規定，著作投稿於新聞紙、雜誌或授權公開播送者，除非另有約定，也直接推定著作人只授權報章雜誌刊載或公開播送著作一次的權利，而且對於著作人的其他權利不產生任何影響。

因此，不論是投稿者或受邀創作的作者，對於自己的權益應該加以注意，不要讓法律賦予的權利睡著了，任由報章雜誌將自己的心血創作，集結彙編成冊發行，致使自己應得的利益受損。

各報章雜誌媒體也應該提高警覺，就其所採用的稿件，不論是自行投稿或受邀的稿件，對於稿件的刪改權與發表利用方式，都應先與著作人明白約定。否則在未有約定的情形下，一旦為配合編輯需要，刪改修訂他人作品，並將著作刊載於報章刊物或日後編輯單行本發行，極有可能侵害了著作人的著作人格權或專有的編輯權。

14 誰都能舉辦書畫展嗎？

丁靜玟

　　生活在忙碌緊張的現代都市裡，無時無刻不在為工作努力，一到週末放假時，便想盡量放鬆身心，這是現代人的一種生活模式。但風景名勝區遊人如織與繁忙都市的擁擠並無兩樣，要如何舒展身心呢？政府正大力提倡各種文化創意產業，鼓勵民眾接觸藝文活動，參觀各種藝術展覽，例如畫展、攝影展或是書法展，既可陶冶身心又可附庸風雅一番，因此，社會各種藝文活動和展覽場所愈來愈多，但是誰才有權利舉辦各種藝術展覽活動呢？

　　由於各種藝術展覽內容，不外是藝術家所創作的各種繪畫、雕塑、書法、攝影、工藝品等，這些藝術品往往藉由藝廊舉辦各種形態的展示，由收藏者購買回去自己欣賞。時日久遠之後，收藏者也有可能將收購有成的藝術品整理，再自行舉辦展覽會。但是舉辦展覽的人可曾想過，這些藝術品的買主，是否有權將它公開展示呢？是否需要當初創作這些藝術品的作者同意呢？

　　著作權是一種無體財產權，這和一般人對於物的「所有權」概念，截然不同。著作權法賦予畫家、書法家、雕塑家及攝影家就所創作的著作，有廣泛的經濟、財產利用權，其中包括了公開展示權在內。如此說來，收藏藝術品者，永遠沒有向他人展示其收藏成果的可能嗎？雖然著作權法賦予著作人多樣化的各種權利，但是就某些性質特殊的權利，也僅有特定的著作才能夠專有這些權利。例如「公開口述權」，僅語文著作才有；「公開演出權」，只有音樂和戲劇、舞蹈著作才有。依著作權法的規定，所謂的「公開展示權」，只有尚未發行的美術著作和攝影著作的著作「原件」，著作人才可能會專有「公開展示權」。換言之，美術或攝影著作一旦公開後，著作人即對於其創作原件喪失專有的「公開展示權」。

　　因此，倘若公開展覽的內容，屬於已經發行的美術或攝影著作，或是所收藏的是世界名家所創作的合法複製品，則主辦單位的展示，並不涉及著作權法的問題。另外，為使藝術品收藏者就其珍藏的藝術品原件也能公諸於世，讓大眾分享各種藝術創作，縱使該項美術或攝影著作已有其他複製品的發行，也允許原件收藏者將所收藏的藝術原件向大眾公開展示，而不會被認為侵犯了著作人的著作權益。另外，美術或攝影著作原件的收藏者或經其授權而主辦展覽的人，為了向一般參觀大眾解說所展示的著作內容，也可以在說明書內重製所展示的著作，這也不會侵犯著作人的著作權益。

　　惟收藏家仍應注意，倘若蒐集的是非法的重製品，又打算將該重製物提供大眾交易或流通，而陳列展示該非法的重製品，即使沒有實際的買賣行為，但是只要陳列展示是為了提供交易機會，依著作權法規定，也有可能被視為侵害著作權，而被處罰 2 年以下有期徒刑，並得併科新臺幣 10 萬元以下罰金。

　　總之，一般人就所收藏的各種著作，不論是著作人專有公開展示權的美術或攝影著作原件，或是他種著作的原件或重製物，像是建築模型、瑪麗蓮夢露電影海報或是現代文學刊物的蒐集展示，只要是合法著作重製物，都不致侵害到著作人的公開展示權。所以，主辦畫展、書展、攝影展，並不是件困難或者會侵害他人著作權的事，收藏家請不要吝於展示收藏品，讓民眾們分享並形塑我們充滿書香及藝術氣息的社會！

15 可以出租雜誌、小說、漫畫嗎？

丁靜玟

　　由於科技的日新月異，資訊流通的腳步愈來愈快，剛在日本、韓國或香港市面出現的漫畫、圖書、連續劇，不用多久，就可以出現在青少年學生、小朋友的手上或小說漫畫、錄影帶出租店了。這是因為科學技術進步，使得國與國間的距離縮短了嗎？是的，因為衛星通訊與電腦網路的進步，以及交通工具的方便，再加上各種聲光機器設備的配合，使得各種資訊、娛樂在短時間內，國內民眾便可接收得到，或是能立即使用國外的新資訊及產品，國界也在網際網路中消失了。但是你可曾想過，小說漫畫出租店老闆是如何取得我們經常租看的小說、漫畫？這種出租行為合法嗎？

　　我們經常在看的雜誌、漫畫，是人類智慧的結晶，法律賦予創作人經濟及財產上某種程度的權利，並加以保護。按照著作權法的規定，僅有著作人（即著作財產權人）才有將其著作重製及出租的權利，未經同意或授權，而將享有著作權的物品出租、散布或藉由網路傳輸，都可能會侵犯他人的著作財產權。因此，坊間常見的小說漫畫出租店或 CD、LD、電子遊樂器卡匣出租、交換中心等商店，絕對不可把仿冒品擺在店裡出租，否則，就是法律上所稱侵害著作權的現行犯，侵害了著作人專有的權利。而且因為是以出租業務為日常生活的事業，屬於常業犯，依著作權法的規定，出租店的負責人，可被處 1 年以上、7 年以下的有期徒刑，併科新臺幣 45 萬元以下的罰金。

　　但是，如果出租店出租的小說、漫畫是合法印製的出版品，基於物的所有權觀念，出租店老闆難道也不可將自己買來的小說出租營利嗎？關於這點，著作權法已明白規定，合法著作重製物的所有人，可以出租其取得的合法重製物。所以出租合法著作的重製物，並不違法。但值得注意的是，並非所有著作類型的合法重製物，皆允許物的所有人可以出租其所有的重製物。

　　依著作權法規定，小說、雜誌的購買者可以出租，卻明文排除了購買者出租錄音帶與電腦程式著作重製物的權利。因此，經營出租業務者，不論是購買、贈與、受讓或以其他方式取得了合法重製的小說、漫畫、雜誌等，都可以放心將商品出租，供大眾流通使用。但是，即使是合法的 CD 、錄音帶或電腦程式複製物，也千萬不能出租，否則依照著作權法的規定，出租人即侵犯了著作人專有的出租權，可以被處 3 年以下有期徒刑，併科新臺幣 15 萬元以下罰金。若為常業犯則處 1 年以上、7 年以下之有期徒刑，併科新臺幣 45 萬元以下罰金。

　　另外，一般認為著作財產權的內容並不包括出借權或出售權，因此，著作重製物的所有人基於所有權的行使，出借或轉售其著作重製物，並不侵犯著作財產權。惟應注意，若出借或轉售的著作物明知是非法的重製物，也就是俗稱的盜版品、仿冒品，則即使不是以營利為目的，例如圖書館將其收藏的盜版書出借他人使用，也可能被視為侵害著作權。因為著作權法規定，明知是侵害著作權或製版權的仿冒品，不論以有償或無償方法，而仍然將其提供公眾散布流通，視為侵害著作權。因此各行各業，尤其是圖書館業，應該了解傳播知識雖值得鼓勵讚許，但千萬不可將非法的著作重製物提供大家借閱或利用，否則將被視為侵害著作權，可處 2 年以上有期徒刑，併科新臺幣 10 萬元以下罰金，不可不慎。

16　著作權可以批發零售嗎？

丁靜玟

電影版的「神鵰俠侶」和電視版的「神鵰俠侶」，都自稱改編自武俠小說名家金庸的武俠小說，這些改編的電影或電視劇符合著作權法嗎？著名女歌手阿妹以口水歌方式將他人已演唱或出版過的流行歌曲再演唱結集出版，她有權這樣做嗎？

著作具有經濟上的財產價值，依著作財產權的內涵行使不同的著作財產權，即可使著作財產權人獲得經濟上的利益，提高著作人創作的意願。而著作權法就著作財產權的行使向來採取「私權契約」的態度，也就是著作財產權的利用內容、雙方的權利義務，完全由權利人和利用人雙方自行約定。一般說來，創作人專長就是創作，對於其創作如何利用及所具有的財產價值與經濟利益，多半不甚明瞭，因此，不論是語文、音樂、視聽或美術創作，坊間常常出現著作「賣斷」的說法。而「賣斷」一詞，就一般買賣概念，指的就是著作人將其著作所有可能產生的權益，全部賣給買方，日後不論該著作財產價值的多寡，或是可以衍生多少經濟上利益，該著作權利都和著作人完全不相干，著作人拿了一筆賣斷費用便可拍拍屁股走人了。

著作權法規定著作財產權可以全部或部分轉讓。換句話說，著作財產權人可以就其著作所享有的各種權能，包括重製權、公開播送權、公開傳輸權、公開演出權或改作權等，以零售的方式，分項讓與他人永久享有該項單獨的權利；或以批發的方式，將著作所有可能產生的著作財產權利，完完全全的讓與他人，自己僅保留法律規定不得轉讓的著作人格權。

至於著作財產權究竟是全部轉讓或部分轉讓他人，應依轉讓契約的內容而定，倘若沒有就著作財產權的內涵清楚約定，或有約定但約定內容範圍不明時，原則上認為並未轉讓該部分財產權。

　　另外，當著作財產權人並不想喪失自己著作的利用權，但礙於現實或其他客觀條件，暫時無法利用其著作時，將著作具經濟價值的部分，譬如小說改拍電影、歌曲製成 CD；或約定一定期間、地域及利用方式，將特定的著作財產權以契約條款授權他人利用其著作，則是「著作權授權契約」。著作權授權契約，如同著作權轉讓契約，也是私權契約的一種，其權利可利用範圍，完全依著作財產權人和利用人間的約定。由於著作財產權人不因授權契約的約定，而喪失其著作財產權人地位，被授權人是否在契約有效期間內取得獨占使用著作的地位，也關係到其他大眾若想利用同一著作權，該向誰請求授權的問題，因此著作權法規定，倘為著作財產權的專屬授權，則原著作財產權人於授權期間內無使用權利。

　　此外，被授權人是否可以就其被授權範圍內之權利，再授權第三人利用著作呢？依著作權法的規定，除非著作財產權人同意，否則禁止再授權第三人利用該著作。如此說來，倘若授權契約內授權範圍，譬如權利種類、使用方式、授權的時間、地域等沒有清楚約定時，該授權契約相關範圍原則上都推定為未授權。

　　總之，坊間常見到各種不同版本的電影、電視劇、音樂 CD 等，究竟有無侵犯他人著作權，端視這些電影、電視或唱片製作公司是否得到著作財產權人轉讓權利或授權。由於著作權的權能內涵又依時空科技演進而有不同權能產生，因此對於著作財產權的轉讓和授權契約的約定內容應該詳列並謹慎行事。

17 文章可以變成書嗎？

李家慶

　　在坊間經常可以看到一些書籍，是將某作家的文章集結成書，或是將不同作者的短篇小說編成小說選，或將散文編輯成散文文集。當然，一些大部頭的字典、叢書乃至百科全書等，也都具有「化零為整」的特色。

　　要區分什麼是「文章」？什麼是「書籍」？可能沒有一定的標準。不過，如果將數篇短篇的著作彙編成冊，而且資料的選擇及編排具有創作性時，依著作權法的規定，即應賦予獨立的編輯著作權。

　　所以像《當代名家小說選》、《學前教育叢書》、《大英百科全書》中文版等，雖然各單篇的小說、文章各有語文著作權，但是重整成冊的小說選、叢書以及百科全書，也另有獨立的編輯著作權。

　　此外，編輯著作中所收編的著作，即使不是著作權的標的或並無著作權，只要編輯著作本身具有創作性，仍然可以成為編輯著作，享有著作權。例如：憲法、法律、命令，依著作權法的規定，並不是著作權的標的，但是如果將這些憲法、法律、命令予以整理編輯成《土地法規》、《稅務法規》，甚至《六法全書》等，則仍然可以享有編輯著作權。

　　編輯著作除了前面所提到的語文著作外，其他如音樂著作、戲劇著作、攝影著作，也都可能有編輯著作的情況。所以像是國畫畫冊、攝影專輯等，除了各個單篇的繪畫、攝影作品擁有著作權外，整本的畫冊或是攝影專輯，如果在選材及編排具有創作性，當然也有編輯著作權。

　　編輯著作雖然是獨立的著作，應予獨立的保護，但是對其所收編著作的著作權，並無影響。換句話說，被收編的各個著作人仍然享有各單一著作的著作權。而且，依據著作權法的規定，各著作人原本就專有將著作編輯成編輯著作的權利。

因此，如果編輯著作人並非編輯自己的著作，而是編輯他人著作的時候，除了要注意編輯上的創作性外，仍應取得相關著作權人的授權或同意，否則，即有侵害他人著作權的可能。

須注意的是，這裡的授權或同意，可能有好幾種形態。例如對於雜誌或期刊的投稿，雖然投稿者在投稿時，可能已有同意或授權雜誌、期刊編輯的意思，但是一般而言，這種投稿契約在著作使用的次數上，通常僅限於一次使用。至於在書籍、畫冊等編輯著作的情況，編輯人或是出版商與各著作人之間所簽立的契約，則可能是授與出版權的出版契約，或是著作權讓與的契約。此類契約的簽立，雖然也可認為各著作人已同意編輯人的編輯，但關於其使用著作的次數，通常端視其是否約定「賣斷」而定。

最後，附帶一提的是，編輯著作雖然形式上是集多篇的著作而成，但是，實質上仍是具有創作性的「獨立」或「完整」著作，不能任意切割。

所以，讀者可能覺得一本書內，只喜歡某一、二位作者的作品，或者是上、下冊兩本編輯著作中，只喜歡上冊，不喜歡下冊，讀者也不能因書商或編輯者不單篇或分冊出售，說書商或編輯者有「搭售」之嫌，而檢舉書商或編輯者違反公平交易法。因為，編輯者的編輯著作基本上是一個單獨獨立的著作，要求全冊或整冊銷售，是有正當理由的。

18 誰可禁止轉載？

李念祖

在報上或雜誌裡，有時可以看到「本報（刊）文圖非經同意不得轉載」的揭示，這樣的註記，在法律上的意義為何呢？

會有這種禁止轉載的揭示，是由於著作權法規定，報紙、雜誌上有關政治、經濟或社會上時事問題的論述，若未註明不許轉載或公開播送，均可由其他的報紙、雜誌、廣播、電視公司公開使用。換句話說，報紙或雜誌若沒有揭示禁止轉載，等於將時事論述的版面向其他媒體同業開放，而一旦揭示了就等於封閉新聞界時事論述的互通之門。

值得探究的是，報紙或雜誌上的時事論述，著作權屬於誰？報紙或雜誌有權一概禁止轉載嗎？譬如報紙邀請學者專家針對 ECFA 為文分析，是一種經濟時事問題的論述，而學者撰寫文章，除非曾與報刊有明白約定，否則報刊只有登載一次的權利，著作人仍是學者而非報刊。因此，報刊所能禁止轉載的部分，能否包括投稿的稿件在內，即有疑問。

一種可能的解釋，是報刊只能相互轉載或禁止報刊享有著作權的論述被轉載，只能刊出一次的稿件，自不包括在內。這種解釋，對於保障著作人的權利，當然比較周延。但是對資訊的自由傳遞，則顯然不利。

著作權法所以規定報刊可以相互轉載時事論述，是為了方便新聞資訊流通，以成就新聞論述的自由市場。若還要進一步區分報上的論述著作人為誰，再決定是否可以轉載，將使得有意轉載者甚是為難。尤其著作權法規定聘僱關係中，職務上著作原則上歸屬於受僱人，因此記者在報紙上所寫的新聞評論稿，是否以報社為著作人，須視報社與記者如何約定而定，外人無從得知，這也使得有意轉載者很難放心轉載，而使報刊間可以相互轉載時事論述的規定失去實際作用，似有不宜。因此，認為報刊有獨立的權利禁止轉載或公開播送，自有相當的道理存在。

　　依照上述解釋，下一個問題是，報刊若已揭示禁止轉載時事論述，投稿者可不可以另外授權其他報刊登出相同的稿件？為了保障著作人的權利，同時亦為促進資訊流通，投稿者應有獨立的權利，可以授權其他報刊或媒體，刊登或播送已發表的時事論述，而不受報刊禁止轉載的影響。

　　簡單的說，站在促進資訊流通的立場理解著作權法，應可得出以下的結論：任何人投稿給報紙、雜誌論述時事，都應有「其他報刊可能轉載的認知」，若不願其他報刊轉載，則應將稿件交給註明禁止轉載的報刊發表。但投稿人在註明禁止轉載的報刊上發表時事論述，仍享有獨立的權利，可以一稿數投（只要其他報刊接受），而不受報刊禁止轉載的影響，如此或可在著作人權利保障與促進資訊流通兩者之間求得平衡。至於非時事論述的稿件，例如小說、食譜、笑話等，無論報刊有無禁止轉載的揭示，其他報刊都不可任意轉載。

　　另外一個問題是，著作權法允許相互轉載的規定，容許廣播電視播送報章雜誌的時事論述，卻未規定報章雜誌可以轉載廣播電視的時事論述，似乎有欠公平，是否可以此類推解釋，以利媒體互惠？這個問題仍有待法院解釋。若肯定報章雜誌亦得轉載廣播電視所播出的時事論述，應無不妥之處。有趣的是，許多報章雜誌揭示禁止轉載都只註明「不得轉載」，而未註明「不得公開播送」，廣播電視是否因此可以公開播送此類報刊上的時事論述？從鼓勵新聞資訊流通的角度，似乎應為肯定的解釋。

19 新聞節目的來賓有著作權？

李念祖

在各種電視、廣播節目中，新聞節目愈來愈受到觀眾與聽眾的重視了。

近幾年來，廣播公司出現了新聞網；電視公司每天的新聞節目，播出時間拉長了不說，播放次數也從早年的 1 天 2 次，到現在普遍增闢晨間及夜間新聞，或者直接增加新聞頻道，變成全天候播放的局面。此外，除傳統的體育競賽實況轉播之外，遇有重大的新聞事件發生，廣播、電視也經常立即進行現場轉播。有些新聞節目收聽率、收視率之高，令人印象深刻。而針對引起社會注目的許多社會事件或公共政策議題，廣播公司與電視公司也設計了許多座談、評論，甚至辯論性的節目，除有名嘴參與外，更邀請聽眾與觀眾打電話進去節目現場提出問題或表達意見。這類 Call-in 新聞節目，不管是否受到歡迎，已成了人們日常生活的一部分。

我們在這裡要討論的是參加新聞節目的來賓與廣播、電視公司之間，在著作權方面的法律關係。新聞節目裡的來賓，包括在新聞中評論突發事件的學者，座談節目發表意見的專家，或是現場旁聽、但提出問題及看法的觀眾。這些來賓在新聞節目中發表的談話或意見，有著作權嗎？有的話，權利屬於誰？

新聞節目來賓的談話，與新聞事件中新聞人物的談話，性質上未必相同，電視、廣播公司轉播政治人物的公開演說（如總統除夕談話）或政治性辯論會（如總統大選政策辯論會），是處理一種新聞事件。著作權法中關於新聞報導及資訊流通所規定的合理使用，給予媒體極大的空間處理這些「著作」。但是，雖然廣播、電視公司只要遵守合理使用的遊戲規則，就可使用這些新聞人物在新聞事件中創作的「著作」，然而這些著作的著作人，仍是這些新聞人物，著作權並不歸屬於媒體。

　　新聞節目邀請的特別來賓，則與電視、廣播公司有另一層關係，無論是受邀提出 3 分鐘的新聞評論，還是參加 1 個鐘頭的電視或廣播座談會，他們的談話或意見，通常也是一種「著作」，受著作權法保障。其中 3 分鐘的新聞評論，無疑是一種語文著作，座談會則是多數人協力完成的共同著作，而現場觀眾的發問，如果自成系統，富有創意，也可視為一種著作。

　　電視或廣播公司對於受邀的來賓，多半會致贈出席費或車馬費，電視或廣播公司與這些來賓是不是因此構成一種出資與受聘的關係呢？依照著作權法的規定，若是出資受聘關係，除非雙方明白約定以廣播或電視公司為著作人，否則受邀的來賓仍然是著作人。不過，由於受邀來賓的發言或意見，亦即其「著作」並非出自邀請單位的企劃，能不能因為邀請單位是節目的企劃者，即認為雙方是一種出資受聘關係？也許還值得深入研究。不過，這種情形與專家學者向報紙雜誌投稿獲取稿費，性質雷同，依照著作權法的規定，除雙方另有約定外，原則上媒體只有播出一次的權利。換言之，新聞節目的來賓與媒體之間，無論是投稿關係或出資受聘關係，媒體若想取得完整的著作權，都必須與來賓之間有所約定才成。

　　要說明的是，著作權法規定廣播電臺或電視臺，為播送他人的著作，可用自己的設備加以錄音或錄影，但其播送須經法律或著作人授權；錄音帶及錄影帶的使用次數及保存期間，則依當事人的約定。換言之，媒體使用來賓在節目中的談話或發表的意見，只要符合合理使用的規定，仍然不會違反著作權法。但媒體若是希望其使用的範圍不以法定的合理使用範圍為限，就必須要與來賓約定清楚，才是萬全之策。

20　競選演說也算傳福音？

李念祖

　　競選演說也算是傳福音？在選舉文化趨於惡質的時代裡，這句話聽起來不免有些諷刺，但在著作權法的領域中，競選演說與宗教上傳福音的佈道活動，的確可以相提並論。

　　著作權法除保護著作人的權益，也注重資訊的自由流通，以符合民主開放社會的需要。而競選演說與傳福音的佈道活動，恰有一相似之處：從事競選演說的政客與佈道的傳教士，都希望演說的內容，散布得愈遠愈廣愈好，他人若利用此種演說，假設已得到演說者默示的同意，應不為過。不過，為了明確起見，著作權法乃特別規定，政治或宗教上的公開演說，任何人都可以利用。

　　所謂政治上的演說，當然不僅限於發表政見。總統的新年文告、歲末談話、政治人物的公開辯論會，都包括在內。而宗教的演說，當然也泛指佛教的開釋、基督教的證道等。

　　與此相當而任何人皆可利用的著作，還包括在政府機關各種程序中所作的公開陳述。例如法院中律師的辯論、證人作證的證詞，立法院或行政機關辦理公聽會中學者專家的主張，無論是書面的、口頭的，法律都允許他人加以利用。所謂利用，包括引用、重製、公開口述在內，當然也可以加以翻譯。其中的道理很簡單，在政府機關的公開法定程序中的陳述，關係政府權能的發揮，雖然不是政府的著作，但與政府著作的價值類似，往往是民主法治程序運作的必要資料，所有的社會成員，當然均可加以利用，以使民主法治的正當程序順暢運行。

　　不過這一類的陳述，畢竟不是政府的著作，利用者仍要受到一些限制。大體上，利用者為一般性的利用可以，但若要將特定著作人的著作集結起來另為編輯者，則必須徵求著作人的同意。例如要將某位立法委員歷次參選政見集結成冊，就必須得到他的同意。另外，利用這一類的著作，應該註明出處，也要尊重著作人的人格權，不可斷章

取義，或者加以扭曲。更不能張冠李戴，冒名頂替。

　　值得附帶說明的問題是，政府機關的著作究竟能不能主張著作權？政府的法令、公文或政府舉辦考試的試題都不是著作，沒有著作權。但是，政府機關其他具有文化價值的創作，仍受著作權法保護。比如政府機關針對特定問題，以政府名義作成的研究報告，是否要公開發表，仍然由政府機關決定，一旦公開發表，媒體即可明示出處後加以轉載或公開播送。但這種研究報告，與法定程序中的公開陳述仍有區別，並非任何人都可以任意加以利用。若有媒體轉載或公開播送，能不能將它當作「單純為傳達事實的新聞報導」從而不再享有著作權，是值得爭辯的問題。可以確定的是，有些政府著作的確享有著作權保障，權利範圍即使受到一些限制，但是人格權仍然不受侵害，有意利用者不可不知。

21 任職公司期間所完成的著作都屬於公司嗎？

李念祖

　　許多公司都有一個應該仔細了解的問題，員工於任職期間所完成的著作，是不是屬於公司所有？

　　依照社會一般的認知與企業的慣例，公司員工在職務範圍內完成的著作，應該屬於公司所有，如果公司與員工之間另有特別約定，則另當別論。但著作權法的規定，公司聘僱他人為文化上創作，雖由雇用人出資、企劃，但仍以受雇人為著作人享有著作權，而約定以雇用人為著作人之情形為例外。簡言之，若無約定，職務上的著作概以受雇人為著作人。

　　這規定的理由是要保護經濟上弱勢的一方，使得公司的員工可以享受文化創作的果實，以免受到公司的「剝削」。可是，這種社會主義色彩濃厚的想法是否妥當，頗值得研究。以報社為例，雇請記者撰寫採訪稿與使用自由作家 (free lancer) 的採訪稿，著作權的歸屬關係並不相同，如果概以受雇人為著作人，則兩者之間，似乎已無差別。而且著作權法規定，投稿報刊的作者，若未與報社為特別約定，推定只授與報社刊登一次的權利，則報社雇請記者支薪寫稿，亦只能使用一次，與外來稿件無異，顯與實際不符。

　　又如一般公司員工，可能在職務上撰寫各種業務報告，如出差後呈繳出差報告即相當普遍，出差報告中可能包含了員工獨到的見解，當然也是受著作權法保護的著作，可是難道出差報告也要以員工為著作人？未經員工同意，公司沒有影印的權利嗎？

　　這種優先以公司員工為職務上著作之著作人的立法案例，在國際間可說是絕無僅有。保障勞工權益最甚的德國，在法律實務上，也不過規定職務上著作的人格權屬於員工，財產權仍屬公司所有。我國如

此立法所帶來的實務困難，顯然是立法委員始料未及的。

　　企業最感疑惑的問題，或許是在聘僱雙方未有書面約定時，應如何行使權利？表面上看來，若無書面約定，員工就是職務上著作的著作人。不過，由於法律所說的「約定」，本來不以書面的約定為限，也不以明示的約定為限，公司實務上如果已有相當的行為慣例，足以認定公司與員工之間，對於職務上的著作權利歸屬，確有某種默示的約定存在，也可以視為一種事實上存在的約定。前面所舉出差報告的例子，若認為公司與員工之間存有默示的約定，出差報告的著作人是公司，應該不算離譜。又如媒體記者的稿件，實務上當然由編輯加以修改，版面安排由編輯統一決定，也可認為記者與報社確有默示的約定存在，而應以報社為著作人。當然，這樣的解釋或許不能適用於一切公司的職務上著作。最好的解決方法，還是由公司與員工就此問題立下明確約定為佳。

22 公司如何避免成為代罪羔羊？

李念祖

　　李明任職於廣告公司，在為某茶葉公司的產品設計包裝時，於網路圖庫瀏覽並直接下載其中圖片作為產品包裝設計的背景。沒想到客戶使用李明的產品包裝設計後，卻遭人檢舉產品包裝設計侵害著作權，於是客戶轉而向李明公司提告，公司須為李明的行為負責嗎？

　　公司的員工在業務上的行為，如果違反了著作權法，公司不但可能要連帶負責賠償，也會有科處罰金的刑事責任。著作權法對這方面的規定，算是相當嚴格，不過，我們畢竟是文明、講道理的國家，當公司證明已盡了最大的努力，促請員工守法，卻徒勞無功的時候，公司仍可不必負責。以下各點，是公司經營者可以採取的預防或自保措施：

　　一、在公司公告表示遵守著作權法是公司的基本政策，要求員工守法。

　　二、將公司同仁在業務上最可能觸犯著作權法的行為逐項列舉，寫成備忘錄傳閱，提醒員工注意避免。例如複印文件應注意哪些事項、傳真文件亦是重製著作的行為、電腦軟體的使用規則等，都可列入。

　　三、前述規則亦可訂入人事管理規則或員工手冊之中，若能將這些規則連同著作權法及相關資料交給員工傳閱，請員工仔細閱讀、遵守，閱畢後簽名歸還，最為周延。

　　四、提供公司員工適當的著作權法講習或研討課程，舉辦或鼓勵員工參加相關的研討會，新進員工的訓練項目，亦應加入著作權法一項。

　　五、為了避免員工使用公司設施上網，下載網路上資訊而有違背著作權法的行為，公司亦宜採取相關措施，提醒員工注意使用網路資訊之規則，及取得授權才使用以避免侵權。

　　六、對於員工使用電腦軟體，宜特別注意：

　　㈠要求員工不得將任何違反著作權法規定，或來源不明的電腦軟體攜入公司使用。軟體若是從國外輸入的水貨，也應該在禁止之列。

㈡要求員工使用公司的電腦軟體時，應嚴格遵守著作權法，以及有關軟體使用契約的規定，如僅限個人電腦使用的軟體，不得於網路系統中使用。又如限於公司業務上使用的電腦軟體，不得轉借非員工，或由員工從事非業務用途的使用。

㈢員工若於公司內自行複製電腦軟體，必須確定其複製屬於合法行為，如為備用存檔而複製軟體，是著作權法所容許的行為，但複製者只能將複製品供自己使用，不能轉借他人。

㈣員工若不是為配合所用電腦的需要，不能修改所使用的電腦程式。

㈤公司所有的電腦軟體限於辦公室內使用。

㈥員工使用公司電腦軟體，若不能確定其行為是否合法，應先詢問公司有關主管人員，確定合法方可使用。

七、推行以上各種措施，均應作成書面紀錄存檔。

八、公司如設有資料圖書室，可考慮改制為圖書館，以享受著作權法上圖書館合法利用著作的權利。

九、公司舉辦文康活動，可能涉及違反著作權法的行為，也應該注意。如演奏音樂，應選擇可以公開演奏的音樂；任何文康表演節目，均應自行創作，不要抄襲或模仿。

十、公司內部出版刊物，宜正式登記為雜誌或新聞，以確保可以主張媒體所享有公平使用他人著作的權利。翻譯外國著作，應注意有無授權；轉載報刊上的語文著作，應注意是否為時事報導、是否有禁止轉載的規定。

以上種種措施，公司皆應注意並採取，隨時提醒並要求員工加以遵守，若再遇到一意孤行、不以為意的員工觸法時，公司就有在法律上主張免責的理由。在此提醒公司的管理經營者，不要認為違反著作權法只是小事。若是員工在業務上經常觸法，致使公司被認為構成不作為的共犯時，檢察官也可能直接找上門來，公司的管理者，對於著作權的保護實在不可掉以輕心。

23 精心設計的部落格，為什麼會被移除？

丁靜玟、羅逸梅

　　上網申請一個部落格，就可以撰寫抒發情緒的文章，也可貼上值得紀念的照片或上傳一些好音樂抒發自己的心情及想法，又可以結交來自各方不同的朋友，因此，創設自己的部落格好像已經成了一種全民運動，愈來愈多人投注時間及精力，精心設計自己的部落格以吸引更多訪客來分享自己的創意結晶。有時候，自己看到好文章、好聽音樂或好看影片，也希望能引用在自己的部落格並介紹給來訪的網友。但是，這些文章、音樂、影片的著作權人，大多時候並不願意他們的智慧結晶被無償使用，因此引發了著作權的爭議。

　　就著作權人而言，對於侵害其權利者，得依著作權法請求排除侵害。然而，法律程序耗日費時，可能會造成權利人相當大的負擔。而且網路上的部落格眾多，著作權利人更不可能一一確認部落格的內容是否侵害到他的著作權。因此有些人就認為網路服務提供者因經營網站而獲利，應讓網路服務提供者負起防止著作權侵害一部分的責任。但就網路服務提供者而言，網海浩瀚，他們實在很難去注意每一個部落格網頁的內容，更何況是發現部落格中侵害他人著作權的行為。

　　我國著作權法參考國外的立法，為了調和著作權人及網路使用人彼此的利用權益，增訂了「網路服務提供者（ISP 業者）的民事免責事由」，即俗稱「責任避風港條款」(safe harbor)。所謂的「網路服務提供者」包含了「連線服務提供者」、「快速存取服務提供者」、「資訊儲存服務提供者」與「搜尋服務提供者」四類，舉凡大家所熟知的中華電信 Hinet、So-net 等電信網路公司，Yahoo、Google 等各種搜索引擎網站，樂天拍賣網站等網路服務業者，均包含在內。

現在，如果部落格中有侵害他人著作權的音樂、文章、影片等著作，權利人除了可依照傳統方法提起侵權訴訟，也可通知網路服務提供者有關部落格侵權的情況，網路服務提供者即可據此通知部落格版主停止侵權行為、移除疑似侵權內容或使他人無法進入疑似侵權的部落格網頁，也就是「通知及移除」(notice and take down) 程序。一旦部落格被抓到 3 次侵權，網路服務提供者就可以終止對該部落格的全部或部分服務，包括移除侵權的部落格，甚至是中止使用連線或是停止部落格帳號的使用。因為任何網路使用者被舉發侵害他人著作權 3 次，網路服務業者就可以各種方式移除侵權，所以又被稱為「三振條款」。

然而，著作權人或網路服務提供者亦有可能誤認，而造成部落格中合法著作被不當的移除，因此，著作權法亦規定，若部落格版主認為自己並無侵害他人著作權的情形，可以通知網路服務提供者回復部落格內容，而業者在接到回復通知後，即應立刻通知著作權人。若著作權人沒有在接到通知後的 10 個工作日以內，對疑似侵權的部落格使用者提出訴訟，業者就有義務回復部落格的所有資料。

部落格提供了一個空間，讓網友們能自由發揮創意，網友應珍惜這個機會，不要任意使用別人的作品，讓這個部落格天地成為自己完完整整的最佳代言人吧！

24 網路音樂下載真的是免費的嗎？

范慈容

　　隨著科技的日新月異，每個人聽音樂有不同的方式。有些人聽廣播，有些人到唱片行買 CD，然而，愈來愈多新世代的消費者在網路上搜尋喜愛的歌曲，再下載到自己的 iPod、iPhone 或 MP3 聆聽。網路上的音樂資源非常豐富，搜尋及下載的方式非常便利，常使人誤以為網路音樂是完全免費的。然而，網路音樂真的是免費的嗎？在我們任意下載網路音樂的同時，要如何確保不會侵害他人權益，以避免違法呢？這個問題在不同的情況有不同的答案。

　　小華為了欣賞最新的流行歌曲，常常從網路上下載各種音樂，對於這種為了個人欣賞而使用他人音樂著作的行為，無論是否付費，在大陸和臺灣，原則上都可主張對音樂著作的合理使用，此種使用方式分別受到大陸和臺灣著作權法的保護。然而，如果小華下載了音樂著作，不只是放在電腦、iPod、iPhone 或 MP3 裡給自己聽，還將他們放在部落格上，和其他喜歡這些音樂的人一起分享，或甚至是提供給其他網友下載呢？這種行為實際上已經侵害了權利人的著作權，不論是依照大陸或臺灣的著作權法都是不允許的，即使提供這些音樂完全沒有任何營利目的，仍必須要先取得著作權人的授權才算合法。

　　至於那些專門為他人提供下載資源的音樂網站或綜合性網站，在對公眾提供音樂線上收聽和下載服務之前，也應該取得適當的授權，否則會侵害他人的著作權。此外，某些搜索引擎可以通過「深度鏈結」(Deep Link) 的技術，讓網路使用者不必經過其他網站的首頁，從搜索引擎介面直接鏈結到該首音樂的下載介面（而且通常不會註明音樂來源出處），由於這種網路鏈結方式很可能將使用者連到那些沒有得到授權的侵權鏈結，因此這種「深度鏈結」技術的使用在法律上遂引起很大的爭議。

　　大陸目前在網路資訊傳播領域建立了所謂的「避風港原則」和「紅旗原則」，對於搜索引擎提供者（例如百度及 Yahoo）的責任有了較明確的界定，也就是說，如果搜索引擎服務商一開始不知道音樂著作的提供者在自己的平臺上所提供的作品沒有經過授權，但在收到著作權人的侵權通知後於一定時間內刪除音樂，就可以免除侵權責任。但是如果搜索引擎服務商在明知、應知他人所提供的音樂屬於侵權內容，卻仍然繼續在網站上提供該等音樂供人下載，或在接到著作權人的通知後拒不刪除鏈結，就應與侵權作品的提供者承擔共同侵權責任。臺灣著作權法在 2009 年也有類似的規定。

　　再假設小白開了一間小小的咖啡館，可以在店裡播放好聽的歌曲作為背景音樂嗎？答案也是不可以的。如果小白沒有為此支付著作權授權費，不論是依照大陸或臺灣的著作權法，都不可以在營業場所播放這些音樂作為背景音樂，即使這些唱片是由小白付費從唱片行買回來的也一樣。

　　因此在科技日新月異的時代裡，學習如何使用最新的技術欣賞音樂雖然重要，但須注意避免侵害到他人的著作權，才不會誤觸法網而不自知。

25 新興科技對於著作權保護的影響 ——第三人責任

張哲倫

　　數位時代的來臨，為著作權的利用與保護，帶來了空前的挑戰。由於科技的進步，使著作權的利用方式有突飛猛進的發展，提升了著作的經濟價值；對於著作權人而言，多樣化的利用方式代表著更大的創作誘因，對目前著作物市場全球化趨勢所需要的重大投資，具有關鍵性的作用。

　　不過隨著著作利用方式的不斷進步，複製著作的技術愈來愈發達，成本也愈來愈低。數位時代的科技普及化趨勢，使消費者取得了大量快速複製及散布著作的能力，也使著作權保護的傳統策略與方式產生必須變革的壓力。網際網路發達之後，只要擁有個人電腦，任何人都可以輕易且大量地複製並散布各種著作。就著作權人而言，要面對的不再只是少數擁有複製技術與設備的侵權者，而是成千上萬不知名的潛在侵權者。在這種科技演變的趨勢下，著作權的保護愈來愈困難。著作權人實際上不可能就大量的侵權行為以訴訟的方式保護其著作權。在數位科技的衝擊之下，著作權人只好另闢戰場，針對促成大量侵權的平臺提供者、技術提供者或產品提供者提出訴訟，也就是追究所謂的「衍生責任」(Derivative Liabilities) 或「第三人責任」(Third Party Liability)。

　　以美國為例，經由法院對美國著作權法的解釋，創設了所謂著作權的「間接責任」(Vicarious liability) 或「輔助侵權」(Contributory Infringement) 的概念，除了之前所談的 SONY 案之外，美國法院在 Napster 及 Grokster 等有關 P2P 技術的案件中，對於第三人侵權責任均有深入的分析。各國為因應網路科技對於著作權保護所帶來的衝擊，紛紛修改著作權法，除了處罰固有的直接侵權行為人之外（例如使用電腦下載著作的消費者），亦將侵害著作權的責任往第三人方向延伸（例如提供下載或交換平臺的網路業者，其本身並未涉及重製或傳輸等直接侵害行為）。

如果你曾經有下載 MP3 音樂的經驗，你可能有聽過 Kuro 或 ezPeer，這兩家臺灣的網路音樂平臺業者均曾以第三人的身分（非直接下載音樂的消費者），受到著作權侵權的指控，當時的著作權法尚未正式將第三人責任的概念納入法律規定中，以至於 Kuro 及 ezPeer 案件在法院審理的過程中，發生諸多法律適用上的疑義，也產生不少爭議。2009 年臺灣的著作權法有關第三人責任概念的新條文經立法院三讀通過，明確規範網路平臺業者的著作權侵權責任，因此在日後著作權之權利人、個別消費者（利用網路平臺進行傳輸及散布著作的直接行為人）及平臺業者之間的三方關係，開始有一個較為清楚的行為標準，使我國著作權法正式邁入第三人責任的時代。

26　上網賣光碟被告了怎麼辦？

丁靜玟、羅逸梅

　　近年來隨著電腦及網路使用普及化，消費者除了在傳統實體經銷市場中購物外，在網路上選擇商品及進行交易也已成為常見的購物模式。可是，在網路上購買物品安全嗎？

　　有位網友在網路上以一般市價購得二手外國電影 DVD 光碟一片，雖然 DVD 的包裝、印刷及內容均十分精緻，但看完後並無保留必要，這位網友就循相同模式在網路上再將此片 DVD 賣出。可是沒多久，這位網友就接到警局通知，說他涉嫌侵害他人著作權，因此開始了一連串惱人的法律紛爭。這個例子的前半段對很多人來說並不陌生，不過是在網路上買件商品，免去舟車勞頓的到實體店家尋找商品的辛勞；但後半段再賣出用過的商品，就牽涉到著作權保護的問題了。

　　我國著作權法對於著作權的保護，包括了著作財產權人專有以移轉所有權之方式，「散布」其著作物的權利，此種權利一般被稱為「散布權」。但是，任何人只要在中華民國管轄區域內取得著作原件或其合法重製物所有權，就可以用移轉所有權之方式散布此物品，而不受著作權利人「散布權」的限制。換句話說，著作權人自行販售或授權他人販售著作物後，任何人只要是在我國境內合法取得有著作權的商品，商品的所有權人都可以將商品再次銷售出去。既然如此，前述網友上網販售自己的商品，為何遭警方通知涉嫌侵害他人著作權呢？最大的可能是他買到的是盜版 DVD 卻仍將之上網販售，因此侵害了他人著作財產權中的散布權。

　　在前述的情形下，該名網友該如何處理呢？首先當然要先確定著作人的權利是否屬實，並要知道自己的行為是否違法。網友如果因為故意或過失，而以拍賣方式散布侵害他人著作財產權之物，那這名網友無可避免的要負擔著作權人對他請求的民事損害賠償責任。如果網友明知此片 DVD 是盜版商品，卻仍上網販售，不論是否成功銷售，還

會有刑事責任的存在。由於 DVD 光碟片易於重製,可能會擴大著作權人販售其 DVD 的市場損害,所以,我國著作權法對於以移轉所有權之方法散布光碟或其重製物而侵害他人之著作財產權者,不僅訂有較高的刑責及罰金,更是公訴罪,即使行為人與著作財產權人事後達成和解,訴訟也不能撤銷!

但若網友在根本不知道自己所買到的 DVD 為盜版品的情形下將其銷售,該怎麼辦呢?著作權法規定的刑事處罰只限於對構成犯罪事實明知或者可得而知的故意犯罪人,並不會處罰過失犯。若網友在網路交易時,是以市價取得與正品包裝內容無甚差異的商品,對於 DVD 光碟的真偽無法判斷,在此情形下,網友可以保存網路購買時的相關資料,如賣家資料、商品價格、外觀、包裝等,以及對該 DVD 非正品並不知情的其他有利資料,以爭取在法律上較有利的地位。

涉及智慧財產權保護的商品在日常生活中隨處可見,網拍商品中書籍、DVD 或 CD 就可能涉及著作權,常見的名牌衣服及皮包大多涉及了商標權的保護,3C 電子產品除了有商標權、著作權保護,更可能有專利權。網路世界雖然易於匿名,但是仍然和傳統市場交易同樣受到法律規範,不熟悉法律的網友們常在不知情的狀況下觸犯法令而不自知。智慧財產權的保護涉及廣泛,觸犯商標權與著作權更可能要負擔民事及刑事責任,網友們對相關知識宜多加注意,免得誤觸法律。

理律法律叢書

案例憲法 I、II、III

李念祖／編著

案例憲法，是憲法教科書的另一種型態嘗試。如何實踐憲法所欲提供的人權保障，則是統一貫串本書的中心思想。法律是實用之學，憲法亦不能例外。與其他法律學門相比，憲法學更殷切地需要尋找落實人權保障抽象規範的有效方法，憲法解釋則是驗證憲法實用價值的最佳紀錄與佐證。將一個一個詮釋憲法精義的案件，累積集合起來的憲法圖像，就是真正具有生命力的憲法。本書透過憲法案例，拼集出司法殿堂中由真人真事交織而成的憲法圖像，對於憲法的生命力做有系統的巡禮，也檢驗出「人」對憲法的需要，以及憲法對「人」的價值。

理律聲請釋憲全覽——人權篇（一）

理律法律事務所／著

在現行憲法解釋的實務上，大法官向來較為偏重抽象法律概念的解釋；然而在每一號解釋的背後，都有著活生生的「人」在訴求或主張他們對人性尊嚴的根本需要，以及對其個人權利能夠真正受到公權力尊重的深切期待。現今坊間雖不乏可供查閱大法官解釋內容的管道，但對於有心關注解釋案件起因、過程及後續發展的人來說，往往仍有難窺全貌之憾；本書將理律法律事務所過去承辦人權案件的相關資料加以整理、彙編，並提供簡要的評述，即是希望能更完整地呈現這些人權解釋背後的「人」之面貌，並對未來各界更深入的個案研究有所助益。

超國界法律論集
——陳長文教授六秩華誕祝壽論文集

陳長文教授六秩華誕祝壽論文集編輯委員會／著

本論文集係由陳長文教授之門生所號召，為祝賀陳教授六秩華誕而出版。陳教授自哈佛大學學成歸國三十餘年，教育菁英無數。其所倡導之「超國界法律」不但讓學子們耳目一新，更開拓了寬廣的視野。所謂超國界法律，本係由美國國際法知名學者Philip Jessup所創。其主要特質，在於打破傳統法學對於公法與私法之區分，而認為許多跨國案件，其所涉及或適用的法律，很多時候包含了國際法與國內法。因此，在具體個案，法院須時常考量條約或協定的規定及其與相關國內法的關係。陳教授認為，法律人必須具備超國界法律的思維，才不會故步自封。今祝壽論文集以此命名，目的係再次宣揚超國界法律思維對法律人的重要性。本論文集內容除包括七位社會知名人士對陳教授的觀察外，尚收錄論文十四篇，涉及的議題涵蓋政治、經貿、人權、環保及公共衛生等，學術價值甚高。

工程與法律的對話

李家慶／主編

《工程與法律的對話》係理律法律事務所公共工程專業小組多年來於工程法律專業領域中之相關論文集。

本書針對工程法律於程序面及實體面之相關議題，彙整國內外相關之法制、學說與國際常見工程契約範本，並援引國內之調解、仲裁和訴訟實務見解，從工程理論與實務及業主與承商等不同之觀點，並嘗試從工程師與法律人不同之角度與面向，深入探討各議題中之核心問題和爭點，使工程與法律得以相互對話。

本書具體呈現出理律工程法律專業團隊豐富之辦案經驗與研究心得，內容深入專業、提綱挈領，可供工程法律實務工作者參考，並可作為高等院校工程管理及法律等之專業教材。

Civil Law Civil Law

確實掌握民法條文奧義

就從 *法學啟蒙叢書——民法系列* 開始

不當得利　楊芳賢 著

　　本書涉及民法上不當得利的規定，包括不當得利之構成要件與法律效果。本書撰寫方式，首先為教學性質之說明，於各章節開始處，以相關實例問題作引導，簡介該章節之法律概念，並儘量以實務及學說上之見解詳做解析。其次，則進入進階部分，即最高法院相關判決之歸納、整理、分析與評論。最末，簡要總結相關說明。期能藉由本書之出版，讓欲學習不當得利規定及從事相關實務工作之讀者，更加掌握學習與運用法律規定之鑰。

民法上權利之行使　林克敬 著

　　本書專門討論權利之行使與義務之履行，不僅介紹民法中之各種權利，而且也探討了如何行使權利，才不會超過權利應有的界限。司法實務上最容易產生的民法爭議主要集中於權利界限模糊的問題，本書特別論述民法的「誠實信用原則」（民法的帝王條款）與「禁止權利濫用原則」就處理權利界限模糊所具有的特殊功能，並探討以上兩原則對於人民如何守法、國會如何立法及法院如何進行司法審判所具有之深遠影響。

抵押權　黃鈺慧 著

　　本書是針對民法中之抵押權制度而撰寫。全書共分為六章，第一章為「導論」，第二章為「抵押權之概說」，第三章為「抵押權對抵押人之效力」，第四章為「抵押權對抵押權人之效力」，第五章是「特殊抵押權」，第六章則是「最高限額抵押權」，文末並附有「案例演習」供讀者參考。

　　為使法律初學者及一般民眾易於入門，本書特別避開爭議過多的法律問題及艱澀難懂之理論探討，而將重心置於法規意義及基本理論的說明。除了以淺顯易懂的文字來敘述，並儘可能輔以實例說明法規之實際運用，希望能將抽象的法律規定轉化為一般人皆能掌握的實用規範。